中国高速铁路工程建设系列丛书

高速铁路路基基于三维模式过渡段动力学特性分析及实车检测关键技术

GAOSU TIELU LUJI JIYU SANWEI MOSHI GUODUDUAN DONGLIXUE
TEXING FENXI JI SHICHE JIANCHE GUANJIAN JISHU

高军 林晓 著

中国地质大学出版社
ZHONGGUO DIZHI DAXUE CHUBANSHE

图书在版编目(CIP)数据

高速铁路路基基于三维模式过渡段动力学特性分析及实车检测关键技术/高军,林晓著. —武汉:中国地质大学出版社,2019.1
(中国高速铁路工程建设系列丛书)

ISBN 978-7-5625-4479-1

Ⅰ.①高…
Ⅱ.①高…②林…
Ⅲ.①高速铁路-铁路路基-动力特性-分析
Ⅳ.①U213.1

中国版本图书馆 CIP 数据核字(2019)第 026584 号

高速铁路路基基于三维模式过渡段 动力学特性分析及实车检测关键技术	高军 林晓 著

责任编辑:韦有福 段连秀	策划编辑:段连秀	责任校对:张咏梅
出版发行:中国地质大学出版社(武汉市洪山区鲁磨路388号)		邮政编码:430074
电　　话:(027)67883511	传真:(027)67883580	Email:cbb@cug.edu.cn
经　　销:全国新华书店		http://cugp.cug.edu.cn
开本:787 毫米×1 092 毫米 1/16	字数:220 千字	印张:8.25
版次:2019 年 1 月第 1 版	印次:2019 年 1 月第 1 次印刷	
印刷:荆州鸿盛印务有限公司	印数:1—800 册	
ISBN 978-7-5625-4479-1		定价:48.00 元

如有印装质量问题请与印刷厂联系调换

序 一

随着经济全球化趋势的明显加快,经济的迅猛发展已是大势所趋。21世纪是人类社会大踏步进入知识经济的时期,高速铁路作为人类创意与科技相结合的艺术作品已经成为21世纪知识经济的核心产业。特别是"一带一路"倡议的推行和实施,高速铁路作为新生事物进步的代表和载体,对于促进经济全球化和社会进步、精神文明建设起到了巨大的作用。

《中国高速铁路工程建设系列丛书》正是结合当前高速铁路建设的需求,从实际应用的角度出发,用典型精彩的案例、翔实的数据分析,结合现场试验数据编写的,因此具有重要的指导意义。高速铁路作为世界上主要的公共交通工具之一,将在21世纪获得全面发展。目前,继日本、法国、德国、意大利、西班牙、比利时等国家相继建成4600km高速铁路后,世界上正在建设和已立项准备建设的新线有45条,总长为31 000km。高速铁路的研究和建设必将适应可持续发展和交通运输的需求,在世界范围内形成一场新的铁路运输领域的建设高潮,孕育着高速铁路大发展时代的快速到来。

《高速铁路特殊结构桥梁力学特性与施工技术》对桁架桥梁结构模型进行静力分析,通过施加各种载荷,观察结构应力、变形最大处,找出桥梁的危险区域等内容进行了深入的研究。

《高速铁路基于非线性振动重正化超长大直径桩基施工新技术及动力学研究》对黏弹性桩基非线性动力学特性进行了研究。

《高速铁路GDS动荷载作用下软土累积变形试验及沉降控制技术》对高速铁路基底软土的各种物理指标(包括孔隙比、含水量、密度等)进行测试,采用GDS

三轴试验系统对宁波软土进行标准三轴剪切试验和循环三轴试验，揭示循环荷载作用下软土强度及变形的试验特性。

《高速铁路路基基于三维模式过渡段动力学特性分析及实车检测关键技术》通过现场试验、数值模拟对其加以研究，通过典型过渡段现场填筑试验研究，确定最佳工艺参数、质量检测控制指标及控制标准合理性，完善过渡段路基的施工工艺、质量及评价标准，验证并优化了无砟轨道过渡段路基的设计理念与设计措施，通过实车监测、评价，对过渡段路基的工作状态和长期安全稳定性进行了研究。

《高速铁路基于三维模式泥质充填断层破碎带隧道高精度地质探测及灾害精确控制关键技术》通过实验研究、理论分析、数值计算等手段，针对大体量高压隐伏岩溶隧道溃水特征与机理分析、溃水安全风险评价及岩溶综合治理措施等相关问题进行了系统深入的研究。

丛书特点：读者入门快，理论与实际相结合；内容丰富全面，理论前沿性、针对性强。特别是书中所提供的典型案例，其规范的设计以及理念和流程，既能激发读者的学习兴趣，又能培养其理论分析能力。本丛书能够系统地将高速铁路理论知识与大量的实践相结合，具有很强的实用性和可操作性。学习本丛书后，读者将在相关领域的理论、操作及设计技巧等方面大大提高。

适逢我国大规模高速铁路建设的开局之际，本丛书对于提高高速铁路路基结构物设计和施工合理性，指导规范化施工和设计，建立高速铁路建设、设计、施工和理论研究体系提供了理论依据和技术实践。作者是我的学生，也是高速铁路建设领域的专家和学者。该书提出的理念能在铁路、公路、水利水电、市政交通等行业得到广泛的应用和推广，对相关领域的科技进步将起到一定的作用。

武汉桥梁科学研究院院长
教授级高级工程师
2018 年 6 月 17 日

序 二

　　高军同志在高速铁路建设管理和建造技术等方面具有扎实的基础理论知识，具有独立从事相关科研工作的能力。该同志学风严谨，勤于钻研，善于发现问题并灵活运用相关知识解决问题；能够对工艺方法和关键技术提出有效的措施，对实验现象和相关结果能够灵活运用有关理论进行深入分析，并能对所做的工作进行阶段性总结，撰写发表有一定学术价值的学术论文。迄今为止，已公开发表学术论文180余篇，其中SCI、EI、ISTP收录23篇。

　　在对国内外高速铁路关键技术研究领域进行广泛调查研究的基础上，积极开展了高速铁路路基、桥梁、隧道等方面的实验研究和实车运行试验，取得了一定的研究成果，具有较好的研究基础。高军作为主要研究人员参加了武汉—广州、北京—武汉、武汉—九江、郑州—万州、安庆—九江等高速铁路项目建设和科学研究，在高速铁路研制与应用方面积累了丰富的建设管理和研究经验，是高速铁路建设领域的专家和学者。

　　《高速铁路路基基于三维模式过渡段动力学特性分析及实车检测关键技术》通过对现场试验，采用ABAQUS有限元软件对武广综合试验段12个路基测试断面进行了动态数值分析，对比分析获得了12个路基断面在不同轴重荷载条件下最大动应力、竖向动变形和动剪应变的变化特性数据，提出了在路基的两个横断面和底面施加三维一致黏弹性人工边界，在确保计算精度基础上缩小计算量；运用图形学理论，建立了8节点实体减缩积分单元计算模型。通过对桥与路基过渡段、桥与桥或桥与隧道过渡段、路堤与路堑过渡段、涵洞与路基过渡段、半挖半填横向过渡段试验，得到了不同工况下的K_{30}、E_{v2}、E_{vd}试验对比数据。通过两种车型、120次高速条件下的动力学试验测试，得到了动应力、加速度、振动速度、动位移均沿路基深度的衰减关系;对过渡段路基工作状态和长期安全稳定性进行了监测和评价,提出了车辆轴重是过渡段路基动应力设计的控制条件。

《高速铁路基于非线性振动重正化超长大直径桩基施工新技术及动力学研究》基于广义 Winlder 模型,建立了分析桩基轴向及横向非线性动力学特性的数学模型,采用复模态分析等方法,得到了线性黏弹性桩基轴向及横向振动的阶振动模态及固有频率的精确表达式。

《高速铁路特殊结构桥梁力学特性与施工技术》精确分析了桥梁结构在各种载荷作用下的应力变化,采用有限元法在大型通用软件 ANSYS 平台上,对桥梁结构进行模拟分析,对桁架桥梁结构模型进行静力分析;通过施加各种载荷,观察结构应力、变形最大处,找出桥梁的危险区域;对桁架桥梁结构进行模态分析,得到桥梁的自振频率及振型,通过分析得到减轻桥梁共振的方法。

《高速铁路 GDS 动荷载作用下软土累积变形试验及沉降控制技术》基于试验数据,采用软黏土常见的 4 种非线性渗透模型和 3 种非线性压缩模型进行适用性分析,确定模型参数;寻求适用于软土沉降地区泥质的最佳压缩、渗透模型,为其固结变形计算提供基础;对同一模型不同液限黏土,模型参数存在差异,参数的获取需要依赖于渗透试验;为寻求能初步预测软黏土渗透系数的关系表达式,基于 Chapman–Richard 成长曲线建立了吹填淤泥 $kv-e/e^L$ 拟合方程。

《高速铁路基于三维模式泥质充填断层破碎带隧道高精度地质探测及灾害精确控制关键技术》从理论上揭示岩溶隧道不同含水构造的突水机理,建立隧道突水信息识别模型及其监测方法和岩溶隧道地质缺陷突水的力学模型。

以上成果均具有国际领先水平,代表目前国内和国际高速铁路建设的技术方向。

华中科技大学建筑工程学院
桥梁工程系主任、教授　陈志军
2018 年 6 月 17 日

前 言

　　武汉—广州高速铁路是我国一次建成的长达 1 034km 的长大干线,开通运营速度 350km/h,是世界上运营速度最快的高速铁路,途经湖北、湖南、广东三省。铁路沿线地质条件复杂,路基占线路总长的 27%,桥梁、涵洞、隧道及堤堑 4 类过渡段总计约 4 660 处,平均不到 60m 左右存在 1 处过渡段。本书以此为契机,对高速铁路路基过渡段变形控制和动应力加以研究。

　　由于路桥的刚度与变形差异大,既有铁路或公路过渡段的病害较为普遍。例如,秦沈铁路在试验中发现,过渡段区间列车横向摆动过大、乘客舒适性降低等现象,而且极有可能导致该区段轨道结构的加速破坏。实测还表明当行车速度超过 200km/h 时,经过路桥(涵)过渡段时存在明显的颠簸感。为保证客运列车安全、平稳、舒适地运行,控制沿线路纵向差异沉降,尤其是控制路基与桥涵等构筑物的差异沉降,实现轨道刚度及沉降平顺过渡是一个关键环节。本书对如何合理地解决全线的各类建筑物的差异沉降,实现平顺过渡,对不同类型过渡段的动静力特性和变形特性,过渡段无砟轨道的变形参数和施工控制技术,不同填料填筑的路堤在动荷载作用下的动力特性和变形特征做对比试验研究,同时对密集度较大的相邻过渡段之间的相互作用影响进行了现场试验研究。

　　本书通过现场试验、数值模拟对其加以研究,通过典型过渡段现场填筑试验研究,确定最佳工艺参数、质量检测控制指标及控制标准合理性,完善过渡段路基的施工工艺、质量及评价标准。验证并优化了无砟轨道过渡段路基的设计理念与设计方案,通过实车监测、评价,对过渡段路基的工作状态和长期安全稳定性进行了研究。

本书研究内容如下：

（1）典型无砟轨道过渡段路基动力学理论计算分析。

（2）过渡段施工工艺及质量检测标准的试验研究。重点研究无砟轨道过渡段路基（桥与路基过渡段、桥与桥或桥与隧道过渡段、路堤与路堑过渡段、涵洞与路基过渡段、半填半挖横向过渡段）的施工工艺、施工质量控制方法、质量检测要求与评价标准。

（3）过渡段沉降变形和运行阶段动态响应试验研究。对路桥、路涵、路隧、路堤与路堑4种不同类型过渡段的变形特征做对比试验研究，同时进行运营试验或通车后各类过渡段的动力特性测试。

（4）通过现场填筑试验、检测测试、动力响应测试及计算机理论仿真计算分析，验证并优化无砟轨道过渡段路基的结构形式、材料要求、施工工艺、质量控制标准、质量检测要求与评价标准。

（5）通过典型过渡段现场填筑试验研究，确定最佳施工工艺参数，包括级配碎石的配比、施工机具、虚铺厚度、碾压方式、碾压遍数、填筑含水率等施工过程质量控制措施，以及研究质量检测指标及控制标准合理性，完善过渡段路基的施工工艺、质量检测及评价标准。

著　者

2018 年 6 月

目 录

第一章 绪 论 …………………………………………………………………………… (1)
  1.1 选题依据及工程背景 ………………………………………………………… (1)
  1.2 国内外路基理论研究现状 …………………………………………………… (4)
  1.3 本书研究内容及创新成果 …………………………………………………… (8)

第二章 过渡段工艺试验及工艺参数分析 ……………………………………………… (12)
  2.1 试验工点概况 ………………………………………………………………… (12)
  2.2 过渡段路基基底处理施工技术 ……………………………………………… (13)
  2.3 填筑施工工艺试验 …………………………………………………………… (15)
    2.3.1 过渡段级配碎石最佳配比 …………………………………………… (15)
    2.3.2 碾压机械对比试验 …………………………………………………… (17)
    2.3.3 摊铺系数与最佳碾压含水量 ………………………………………… (18)
    2.3.4 压路机碾压行驶速度对比 …………………………………………… (19)
    2.3.5 不同虚铺厚度下碾压方式对比 ……………………………………… (20)
    2.3.6 检测指标相关性分析 ………………………………………………… (26)
  2.4 压路机碾压对于横向结构的影响 …………………………………………… (28)
  2.5 本章小结 ……………………………………………………………………… (30)

第三章 过渡段结构形式变形控制设计技术 …………………………………………… (31)
  3.1 过渡段的结构形式与技术要求 ……………………………………………… (31)
  3.2 过渡段路基地基加固设计及技术要求 ……………………………………… (37)
  3.3 过渡段梯形坡角的设计与分析 ……………………………………………… (39)

 3.4 无砟轨道结构形式的设计与分析 ································· (42)

 3.5 引入桩基加固控制过渡段变形的分析 ··························· (43)

  3.5.1 计算模型及运动方程的建立 ······························· (43)

  3.5.2 单位土柱的地震响应 ······································· (46)

  3.5.3 等效土体质量、刚度及阻尼 ······························· (46)

  3.5.4 控制方程的建立与求解 ··································· (47)

 3.6 本章小结 ·· (48)

第四章 过渡段路基的动力响应试验分析 ························· (50)

 4.1 现场试验工点动测目的及选取区段 ······························· (50)

 4.2 现场动态测试及试验方法 ··· (51)

  4.2.1 现场动态测试情况 ··· (51)

  4.2.2 试验方法 ··· (53)

 4.3 路桥过渡段动态响应测试及分析 ································· (54)

 4.4 隧隧过渡段动态响应测试及分析 ································· (57)

 4.5 本章小结 ·· (61)

第五章 不同结构无砟轨道过渡段动力性能数值分析 ············ (62)

 5.1 试验目的、内容和评判标准 ······································· (62)

 5.2 试验方法及测点布置 ··· (64)

 5.3 测试数据分析 ··· (69)

  5.3.1 动应力分析 ·· (69)

  5.3.2 动变形分析 ·· (78)

  5.3.3 振动加速度分析 ··· (94)

 5.4 数值分析 ·· (109)

  5.4.1 计算模型与参数 ··· (110)

  5.4.2 计算结果与分析 ··· (112)

 5.5 本章小结 ·· (115)

第六章 结 论 ·· (116)

参考文献 ·· (118)

第一章 绪 论

> 本章首先介绍了选题依据与工程背景,阐述了国内外路基过渡段的理论研究现状,归纳和总结了高铁无砟轨道路基过渡段加固和动力学的研究进展,对于目前高铁无砟轨道路基过渡段存在的问题进行了分析,最后介绍了本书研究的主要内容与技术路线。

1.1 选题依据及工程背景

我国高速铁路的发展在世界各国中处于较超前的地位,目前已建成的京津客运专线时速可达到 350km/h,是一条集新技术、新工艺、新设备于一体的高新技术系统工程。已经建成的京沪高速铁路是《中长期铁路网规划》中投资规模最大、技术含量最高的一项工程,也是我国第一条具有世界先进水平的高速铁路,正线全长约 1 318km,与既有京沪铁路的走向大体并行,全线为新建双线,设计时速 400km/h,初期运营时速 350km/h,2011 年投入运营。

高速铁路的出现对传统铁路的设计、施工和养护维修提出了新的挑战,在许多方面深化和改变了传统的设计观念或思想。高速行车对轨道变形有严格的要求,因此变形问题便成为高速铁路设计所考虑的主要控制因素(张远荣,2000)。尤其是路基,过去按强度破坏设计,而现在强度已不成为问题,一般在达到强度破坏前,可能已经出现了不能容许的过大变形。这方面出现问题的铁路有很多,例如日本东海道新干线设计时速为220km/h,由于在设计中仅仅采取了轨道的加强措施,而忽略了路基的强化,以致从 1965 年开始,因为路基的严重下沉,使线路变形严重超限,路基病害不断发生(杨广庆,1999)。

德国著名的高速铁路专家 Esenman 指出:铁路路基作为承受轨道和列车荷载的基础,如果选择了合理的刚度(弹性模量),则能明显地影响轮载的分配,可以使轨面的最大支承力减少 60%~70%,而且还可以改善基床动应力的分布,减弱重复荷载的动力作用,减少列车荷载对线路的不良影响。但这并不是要求路基不存在变形,因为列车不可能在一个绝对刚性的基础上作高速稳定运行,而只能依据着不平顺的走行面和刚度有变化的轨道运行(王其昌,1999)。为了解决复杂的路基变形问题,日本和欧洲各国采用了高标准的昂贵的强化轨道结构与高质量的养护维修技术。

我国的高速铁路由于路桥的刚度与变形差异大,既有铁路或公路路桥过渡段的病害较为普遍。秦沈铁路在后期试验中也发现了一些不容忽视的问题,例如过渡段区间列车横向摆动过大、乘客舒适性降低等,而且极有可能导致该区段轨道结构的加速破坏(宫全美,2007)。此外,实测还表明当行车速度超过200km/h时,经过路桥(涵)等过渡段存在较明显的颠簸感。

为保证客运列车安全、平稳、舒适地运行,控制沿线路纵向差异沉降,尤其是控制路基与桥涵等构筑物的差异沉降,实现轨道刚度及沉降平顺过渡是一个关键环节。如何合理地解决全线各类建筑物的差异沉降,实现平顺过渡,有必要研究不同类型过渡段的动静力特性和变形特性,研究有关无砟轨道过渡段的变形参数和施工控制技术,以及对不同填料填筑的路堤在动荷载作用下的动力特性和变形特征做对比试验研究,而对于密集度较大的相邻过渡段之间的相互影响还需要做现场试验研究。

本书是以设计时速为350km/h的高速铁路武广客运专线武汉至广州段作为工程背景来加以研究的。武汉至广州客运专线(简称武广客运专线)位于我国中南部地区,是"四纵四横"客运专线网北京至广州快速客运通道的重要组成部分,是实施《中长期铁路网规划》以来首批开工建设的技术标准最高、运营里程最长、运行速度最快的客运专线。武广客运专线铁路的建成,表明我国已完全掌握了具有自主知识产权的高速铁路成套技术,开启了中国铁路高速新时代。在武广客运专线韶关至花都段的设计过程中,采用了大量的新技术、新材料和新设备。北起湖北省省会武汉市,途经湖南省省会长沙市,南抵广东省省会广州市,连接咸宁、岳阳、长沙、株洲、衡阳、郴州、韶关、清远等中等城市,至花都站引入广州铁路枢纽,全长968.57km。武广客运专线是我国2020年前铁路中长期发展规划中北京—武汉—广州—深圳客运专线中的一段,与既有京广铁路构成京广铁路大通道,是我国铁路网的重要繁忙干线铁路。全线设车站18个,桥梁长度约369km,隧道长度约161km(国家发展和改革委员会《关于新建武汉至广州铁路客运专线可行性研究报告》的批复〔2004〕1314号)。

1. 工程地质条件

武广高铁沿线平原、阶地、丘间谷地大面积分布第四纪冲积、冲洪积、坡洪积、坡残积松散堆积层;下伏基岩主要为侏罗纪、白垩纪砂砾岩、砂岩、泥岩、页岩夹碳质页岩、砂质页岩及煤层,石炭纪灰岩、砂页岩,局部含煤铁,泥盆纪砂页岩、灰岩,燕山期花岗岩及前寒武纪片岩、板岩、变质砂岩等。沿线地下水类型主要有第四纪孔隙水、基岩裂隙水及岩溶水。武汉至花都段不良地质、特殊岩土类型和分布特征与地形地貌、地层岩性、地质构造、地下水等条件密切相关。不良地质分布类型主要有风化剥落、坍塌、滑坡、崩塌、危岩落石、顺层等,特殊岩土分布类型主要有岩溶及岩溶地面塌陷、软土及松软土、膨胀土等。

2. 无砟轨道对线下结构物的沉降要求

随着列车运行速度的提高,对轨道结构与路基结构也提出了更高的要求。在隧道内、高架结构和桥梁上铺设无砟轨道,已被普遍认可并已标准化。但在高速铁路土质路基上的应用则十分谨慎,除德国 Rheda 轨道铺设应用较多并基本定型外,其他国家多处于积极的试铺试验中。基于我国对土质路基无砟轨道的研究尚处于初级阶段,不同客运专线宜根据沿线的自然地理背景、地质条件,结合建设标准,选择代表性段落进行深入试验研究,待积累一定的经验后推广使用。

无砟轨道对沉降变形,特别是不均匀沉降要求严格。一般局部的沉降应在扣件的可调整范围内,大范围的均匀沉降应该满足线路竖曲线圆顺的要求。对于调高量为 30mm 的扣件,扣除施工误差+6mm 和-4mm,仅有 20mm 可以调整,再考虑列车运行时轨道结构需要预留 5mm 的变形,实际留给运营期间路基的允许沉降量仅为 15mm,这是局部调整的极限。对于长度大于 20m 的均匀地基,根据德国的经验,在施工铺轨阶段,在满足调整后轨面高程竖曲线半径的条件下,进行包括路基、涵洞、桥梁、隧道在内整段土工工程的整体沉降分析后,可以放宽沉降标准至 30mm(中国铁道科学研究院,2005)。

对于路桥、路涵等过渡段范围的沉降差异造成的折角,日本新干线板式轨道线路规定不大于 1/1000,德国高速铁路无砟轨道技术标准中规定不大于 1/500,我国首次在路基上铺设无砟轨道,折角控制采用不大于 1/1000。过渡段沉降的逐渐过渡和折角的要求也在于控制不均匀沉降(中国铁道科学研究院,1999)。

无砟轨道路堤填筑后,应对路基沉降进行系统的观测与分析评估,在路基完成或施加预压荷载后应有 6~18 个月的观测和调整期,分析评估沉降稳定满足要求时方可铺设无砟轨道。

由于无砟轨道对沉降的要求较高,而影响沉降计算的因素较多,沉降计算的精度不足以控制无砟轨道的工后沉降。因此工后沉降的预测以施工中的沉降观测为主。为保证精度和有效的控制,应进行系统的观测与分析评估。无砟轨道的铺设,一定要在分析评估沉降稳定并且工后沉降满足要求后进行,而且预测值也要有足够的精度。

3. 武广高速铁路过渡段路基设计特点

在武广线的勘察设计过程中,经历了从有砟轨道到无砟轨道的变化历程。从预可行性研究项目立项及工程可行性研究批复,均为设计时速 300km/h、预留 350km/h 的有砟轨道客运专线。通过中国铁道科学研究院等单位对京沪高速铁路前期基础研究工作,引进国外咨询机构对相关技术规范《京沪高速铁路设计暂行规定》(铁建设〔2003〕13 号)及部分重点工程设计图的咨询等技术交流,已经基本掌握了时速 200~300km/h 有砟轨道客运专线的相关关键技术。

2004 年 4 月完成初步设计后,根据国内外高速铁路建设的最新形势,无砟轨道是当今世界高速客运专线的发展趋势,决定全线原则上均铺设无砟轨道,在适当增加初期建设投资的条件下,降低运营养护成本,更加适应我国长大繁忙干线的运输需要,也符合新世纪我国铁道跨越式发展的新战略。

武广客运专线乌龙泉至韶关段全长 715km,设计时速 350km/h,线路长,标准高。沿线地形起伏大,桥梁、涵洞、隧道及堤堑 4 类过渡段总计约 4660 处,分布在 276km 的路基中,平均不到 60m 左右存在 1 处过渡段。经过调研与仿真分析,过渡段设计一方面通过加强地基处理以实现不同构筑物之间的地基沉降过渡,另一方面针对路桥、路隧、桥桥、桥隧之间距离小于 150m 或小于 60m 路基填筑段,通过设置不同的过渡段型式及填料类型、压实标准等,实现路堤土工构筑物的纵向刚度过渡(武广铁路客运专线有限责任公司,2004)。

1.2　国内外路基理论研究现状

1. 国外路基理论研究现状

20 世纪 80 年代初,国外铁路建设技术走在前列的国家就开始研究路桥、路隧、路涵等过渡段的不平顺问题。有资料表明,因桥头"跳车"而增加的道路维修费用大得惊人。例如,美国大约 25% 的桥梁受到桥头"跳车"的影响,全国每年为此花费的维修费用预计高达 1 亿美元以上(Liu and Jing,2003;陈雪华等,2006;Sunaga,1990)。瑞典国家铁路局组织进行高速列车的现场测试振动超标(Sriaud and Hoffman,1997;Li,2013),在过渡段引起了非常大的沉降,超过铁路安全运营的界限,影响到列车运营安全和旅客舒适度。

日本新干线在建设中提出过渡段基床压实标准和结构物竖向平移折角限值(铁道第三勘查设计院,2001)(表 1-1、表 1-2)。

表 1-1　日本新干线过渡段基床压实标准

结构形式	填筑厚度(cm)	材料	标　准	
			K_{30}(MPa/m)	n(%)
路堤 路堑	60	粗砂	≥190	<18
	60	级配碎石	≥190	<18
	60	砂砾石	≥190	<18

表 1-2　结构物竖向位移折角

速度目标值(km/h)	折角 θ(‰)	
	<30m	>30m
70	9	9
110	7.5	9
160	5	6
210	4.5	4
260	3.5	3

武广客运专线是以轮轨运输系统为模式。就轨道结构而言,采用刚性大的无砟轨道形式。轨道垂向刚度特性及其沿轨道垂向、横向和纵向的动力分布与传播状态是评价列车车辆与轨道相互作用的基本技术参数之一(周神根,1996)。

高速列车的安全、舒适运行需要路基-轨道-车辆系统的合理匹配,各个组成部分相互协调。对于高速铁路无砟轨道或有砟轨道路基的研究,仍有许多重要理论问题没有解决,包括已建成高速铁路的日、德、法等国在内,他们高速的实现一方面是以高标准的结构形式和高昂的造价为代价;另一方面为了确保工程的成功,进行了大量室内外各种大小比例的模型试验,特别是以原型比例的试验作为技术保证。事实上,它掩盖了理论研究的不足。高速铁路路基的动态响应(包括动变形、动应力、加速度等)是高速铁路路基设计中最关心的问题(梁波,1998)。在这方面,日、德、法等高速铁路较发达的国家目前仍进行着大量的研究。

国外高速铁路无砟轨道路基设计包括整体预应力钢筋混凝土道床设计,特别是路基结构的设计,应该根据高速铁路路基的实际工况,充分考虑路基的空间特性,对路基-轨道结构做动力分析,以确定路基结构的合理设计参数。例如基床的变形控制、基床的合理厚度、路基合理刚度(模量)以及与之相关的合理施工参数,如地基系数、密实度和含水量等(Knotho,1995)。

国外路基的设计方法仍以静态或准静态为主(Harrison,1973),不能满足高速铁路路基结构设计的需要。关于路基结构的计算分析,传统的静力计算方法除经验公式外,一般是先计算出钢轨的受力,再计算轨枕受力,最后分析道床及基床的受力情况。钢轨的受力一般按连续弹性基础梁理论或连续弹性点支承梁理论进行计算,然后由弹性理论(包括平面应变弹性理论公式、Baussinesq 公式、Burmister 公式及计算竖直集中力作用的 Cercti 公式),或扩散角方法或 Odmark 理论,分析路基结构包括道床、基床和路基在内的应力与变形特征(Kennedy,1978)。

美国学者 Chang(1980)对以往的轨道模型进行了总结,提出了 Geotrack 计算模型。此模型是三维模型,用梁单元表示钢轨、轨枕、路基上考虑为垂向分层的半无限体,用迭代法考虑土体的非线性,可以求解轨道、路基的荷载反应和永久变形问题。

美国学者 Kuang 和 Cmegory(1997)提出的轨道模型包括钢轨、轨枕、道床、路基和地基,材料本构可为非线性弹性,并假设结构不同材料接触面之间无相对位移,轨道和轨下结构中的轨枕与道床相互之间的作用力通过对轨排的结构分析解出,然后将枕底反力作为道床单元的面力,进行有限元求解。

Toshikazu 等(1991)提出了新的计算模型,该模型中考虑了列车荷载由钢轨、轨枕、道床的传递,计算出的路基应力和变形情况与实际情况比较吻合,因此曾得到国际铁路组织的推荐使用。

Ahlbeck 等(1978)针对静态问题提出荷载作用下的受力特征,所解决的问题主要是上部荷载作用下轨下基础的变形、应力等。

Lyon(1972,1974)和 Jenkins 等(1974)建立了接头轨道动力分析模型,在此基础上,Derby 中心的研究人员进一步采用了弹性点支承连续梁模拟轨道,并考虑了轨枕振动的影响。

日本学者佐藤裕(1981)和佐藤吉彦(1976,2001)对轮轨动力分析做了大量的工作,他们曾采用总参数模型和连续弹性基础梁模型研究了轨道的动力效应,其中比较有代表性的是 Sato 半车-轨道模型。

美国 Ahlbeck(1995)、法国 Gent 和 Fannin(1987)、德国 Knotho(1995)和 Birmann(1978,1992)、英国 Grassie(1995)等都曾提出过不同形式的分析模型。对车辆轨道系统理论分析模型的建立过程进行了论述,并阐述了模型中各参数的确定方法。

Jan(1989)指出线路动力分析模型不仅应包括道床,其他诸如路基、高架桥、隧道等都应是模型的考虑范畴。

Birmann(1992)认为合理的模型才能提供合理的结果。因此,线路动力分析模型中不考虑路基显然不足,而将路基简化为弹簧、阻尼、集中质量系统,则导致了路基动力参数不易测定及动态响应点不明确等问题。路基-轨道系统的动力分析应该充分考虑路基的空间特性,应采用空间有限元对其加以离散,另外还应该考虑路基-轨道系统的空间特征、时变特性的耦合才算是完整的。

Knotho(1995)和 Grassie(1995)也都认为,充分考虑路基和结构物振动的有效动力分析模型是今后的主要研究问题之一。路基的动力分析应该从大系统的观点出发,充分考虑路基系统的物理、几何特性,选择和保留影响所研究问题的主要因素,建立一个能充分考虑路基、轨道系统空间、耦合、时变特点的路基-轨道系统动力分析模型。

2. 国内路基研究现状

罗强等(1999,2006)利用新型预测校正的积分法(Newmark 预测-校正积分模式),应用动力学理论,进行数值的模拟分析,车辆与线路相互作用,求出车辆与线路的相互作用非线性微分方程组,得出路桥过渡段影响规律及不平顺对高速行车影响。

黄晚清等(2005)运用过渡段动应力的理论,对秦沈客运专线 DK49+689.0~DK49+700.7 路涵过渡段进行动应力测试,分析了动土压力与列车速度的关系、沿线路纵向分布以及随深度的变化。结果表明,动土压力随列车速度的提高而增大,当列车速度超过 220km/h 时,动土压力基本趋于稳定,但始终大于准静态土压力;随深度的增大,动土压力迅速地衰减,趋于准静态土压力。此外,动土压力还受路基结构影响,涵洞顶路基的动土压力明显大于一般路基的动土压力。

张远荣(2000)通过计算机的模拟列车轮轨系统,模拟列车运行速度提高以后,特别是在高速运行条件下,得出路基面竖向动应力随不平顺长度增大而减少。不平顺波长越短,动应力值越大。对于同一形式不平顺而言,不平顺波长越短,动应力增长速率越大,反之则小。随着不平顺波长增加,动应力增长速率趋于相同,局部轨道不平顺是引起路基面竖向应力的主要因素。

陈雪华(2006)通过对无砟轨道路-桥-隧过渡段结构系统动力计算模型进行探讨,运用理论分析、室内试验、现场测试和数值模拟等方法,运用无砟轨道路-桥-隧过渡段耦合动力学的理论,建立了高速条件下路-桥-隧过渡段与无砟轨道相互作用动力学模型,研究了轮重、车速、不平顺和材料特性与无砟轨道过渡段结构系统相互作用的动态响应特征,并指出在车辆移动荷载作用下,过渡段轨下结构形式、不平顺、材料特性、基床表层厚度和动态响应分布、传递特征、路堤本体工后沉降以及刚度值差异、轨面弯折的控制参数等结果。

马立秋和张国祥(2006)运用耦合分析模型,对高速铁路有砟轨道/无砟轨道路基结构以及无砟轨道路桥过渡段动力特性进行了数值仿真分析,得出列车速度、轨道不平顺、道床刚度和厚度、基床表层刚度和厚度、路基刚度、地基刚度对系统动力响应的影响。采用高速铁路/客运专线板式无砟轨道的参数,分析了列车速度、轨道不平顺、板式无砟轨道系统动力学参数等对车辆的运行品质、无砟轨道和路基结构的动力响应的影响,得出客运专线板式无砟轨道的轨道、路基参数的合理取值范围,得出折角不平顺和余弦形不平顺,对路桥过渡段动力特性以及行车性能的影响。

目前国内在路基动力响应理论方面的研究较少,仿真计算模型很少考虑轨道路基结构耦合作用(李子春,2000),一般将钢轨视为文克尔地基上的弹性梁,单纯研究钢轨动力响应,不能考虑路基动力响应,或者将路基视为半空间体,列车荷载直接作用其表面,未考虑轨道结构的作用。在路基动力响应研究中,所考虑的荷载速度偏小(一般均小于瑞利波速),不能研究高速荷载所引起路基动力响应的一些根本性变化。

受客观条件限制,我国轨道路基动力响应测试时车速大多都不高,不能很好地反映列车高速行驶时路基动力特性。已有的高速测试资料较少,尚不能总结出可靠度较高的轨道路基动力响应规律。车辆安全性和平稳舒适性指标都是针对一般路基而言的,并非针对过渡段。同样,过渡段的动力学性能评价与不平顺控制标准的确定,在无砟轨道过渡段车辆运行安全性、平稳性等方面存在空白。

我国铁路部门在借鉴国外经验的基础上,在秦沈客运专线、遂渝线等铁路线上,对路桥(涵)等过渡段型式进行了施工工艺、行车效果的现场实测和研究,取得了许多重要的研究成果。然而,对于无砟轨道路桥、路涵、路隧、路堤与路堑等不同类型的过渡段的差异性,高密集度相邻过渡段之间的影响以及不同类型填料过渡段的对比性试验和研究等,几乎还是空白(万家,2005)。

我国在列车荷载作用下轨道路基动力响应数值模拟方面做了大量研究,取得了重要成果,但数值计算模型还不完善。目前轨道路基动力响应研究重点大多在轮轨力、车辆与轨道结构的动力响应方面,而路基模型过于简单,不能考虑路基体内动位移、加速度、动应力等。在对路基动力响应进行详细分析模型中,未能充分体现车辆-轨道路基系统的动力、空间、耦合、时变特性以及轨道路基材料的非线性(万家,2005;宣言,2006)。

无砟轨道过渡段所面临的主要问题如下。

(1)客运专线无砟轨道过渡段对路基填料的真实要求,以及现有的设计是否满足长期稳定性要求。

(2)无砟轨道过渡段的设计与施工能否完全照搬以往一般性铁路公路过渡段或高速铁路的设计与规定。

(3)现有的无砟轨道过渡段的设计与施工的规定及要求是否能满足营运后的长期稳定性要求。

武广客运专线设计时速350km/h,线路长,标准高。沿线地形起伏大,桥梁、涵洞、隧道及堤堑4类过渡段总计约4660处,分布在276km的路基中,平均不到60m左右存在一处过渡段。但过渡段的变形特征如何,如何施工才能满足武广客运专线的高速、平稳、舒适的要求,因此有必要研究客运专线无砟轨道过渡段路基的设计理论与措施、施工工艺、质量控制技术与标准,以及不同类型过渡段在静、动力荷载作用下的力学和变形特性,以确保客运专线的长期安全稳定。

1.3 本书研究内容及创新成果

本书研究内容如下。

1. 过渡段工艺试验及工艺参数分析

过渡段范围内的桥涵等结构物基础基坑,对过渡段路基影响大,应纳入过渡段路基范围先期处理。对于过渡段缺口,为了保证过渡段路基填筑质量,进入相邻A、B组填料内不宜短于20m,连接处应按不陡于1∶2的坡度分级挖台阶,台阶宽不小于2m,并加强碾压工艺试验及施工过程的质量控制;级配碎石,外包A、B组填料及相邻的A、B组填料宜尽量同时填筑,以保证过渡段路基的整体填筑压实质量。室内击实试验级配碎石+5%水泥的最优含水量在4.9%左右,拌和站拌和含水量宜控制在室内击实试验的最优含水量±1%。掺5%水泥级配碎石的摊铺系数为1.2~1.4。

压实度受压实机械吨位、虚铺厚度、级配碎石材料及级配等因素影响,但压实机械与级配碎石性质则是主要控制因素。采用18t的碾压机,当虚铺厚度≤25cm时,静压效果好;虚铺厚度>25cm时,静压与振动的组合碾压效果好,虚铺厚度越大,强振次数应相应增加。而满足各项压实指标的碾压遍数为6~8遍。当虚铺厚度≤25cm时,静压为最佳碾压方式;虚铺厚度25~35cm时,"静压2+强振1弱振3+静压2"为最佳碾压方式;虚铺厚度>35cm时,"静压2+弱振1强振3+弱振1强振3+弱振1强振3"为最佳碾压方式。

通过工艺试验检测,当K_{30}≥150MPa/m,则E_{vl}≥50MPa;K_{30}>190MPa/m时,则E_{vl}≥60MPa。孔隙率n<22%时,其余各项检测参数都能满足要求。过渡段压实的大量检测数据与工艺试验结果完全一致。建议过渡段路基填筑压实质量可采用n、E_{vd}、E_{vl}、E_{v2}、E_{vl}/E_{v2}五项指标进行检测。

2. 过渡段结构形式变形控制设计技术

对于高速铁路无砟轨道,构筑物之间的距离对路基动态响应有较大的影响。在基底不存在差异变形的条件下,涵涵间路基长小于45m时,或桥桥过渡段最短距离小于60m时,或隧隧间距小于55m时,会产生动态响应叠加,如果构筑物间的路基刚度过低时,按单一的过渡段结构形式设计,动态响应叠加会导致轨面动力不平顺,在列车时速350km/h运行条件下,车辆质心竖向加速度将大于$1m/s^2$,不满足旅客舒适性的要求,需采用级配碎石掺水泥填筑来进一步提高路基的刚度。涵涵间路基长小于45m时,或桥桥过渡段最短距离小于60m时,路基刚度不应低于140kN/mm;隧隧间距小于55m时,路基刚度不应低于150kN/mm,采用级配碎石掺5%水泥来填筑,可使车辆质心竖向加速度小于$1m/s^2$,能满足旅客舒适性的要求。

通过测试,过渡段的动态响应对填料的弹性模量改变最敏感,路基的振动位移、振动速度、振动加速度幅值随材料参数的减少而增大,而动应力幅值随参数的减少而减小。填料材料弹性模量减少50%,振动位移就增加41.7%,振动速度就增加54.6%,振动加速度就增加16.7%,竖向动应力就增加8.7%。这说明填料材料弹性模量改变对路基振动速度影响最大,振动位移次之,振动加速度较小,动应力影响最小。

3. 过渡段路基的动力响应试验

通过研究高速铁路无砟轨道过渡段的动力学特性,检验试验段路桥过渡段、路涵与路涵过渡段(简称涵涵过渡段)、隧隧过渡段工程处理措施的有效性,在武广客运专线综合试验段进行了两种车型120次高速行车条件下的动力学测试(最高速度达354.7km/h),车辆轴重对3种过渡段的动应力影响十分显著,而对振动速度影响不明显,仅对涵洞中心处的振动速度影响显著。

在路桥过渡段、涵涵过渡段及普通路基处,动压应力和动位移随列车行驶速度变化曲线呈近似直线,说明列车行驶速度对动应力和动位移影响并不是很大;在隧隧过渡段,动压应力随列车速度增大而减小,动位移随列车速度增大而增大,但两者随速度变化幅度不大。3种过渡段路基的动压应力、加速度、振动速度、动位移均沿路基深度衰减明显。3种过渡段所采用的过渡段形式以及用级配碎石+5%水泥做填料的过渡效果较理想,过渡段路基填筑的质量满足设计和运营要求。

4. 不同结构无砟轨道过渡段动力性能数值分析

通过动车实测表明,不同断面路基基床表层顶面动应力均值为12.8~16.0kPa,不同轨道结构路基基床表层顶面的动应力相差不大,为30.8~33.7kPa,铁路所测路堤基床表层顶面动应力均值为12.54kPa和13.68kPa,与有砟轨道相比,无砟轨道路基面动应力分布均匀,沿深度衰减缓慢,但幅值较小,无砟轨道显著改善了路基基床的受力状态。通过测试数据的计算分析表明,为保证临界体积剪应变不超过0.01%,所测试的不同轨道结构和路基形式的12个断面的动应力允许值分别为30.8~33.7kPa,混凝土支承层/底座边缘处动变形允许值分别为 0.22～0.26mm。

支承层（底座）边缘处测试的路基基床表层顶面动变形均值为 0.04～0.07mm，不同轨道结构路基基床表层顶面动变形统计表明，CRTS I 型板式轨道动变形最小，其他结构形式动变形相差不大，均小于 0.22～0.26mm 的限值，动变形不会使路基基床产生累积变形；路堤动变形要稍大于路堑。

路桥过渡段实测动变形均值小于 0.06mm，相同轨道结构下过渡段动变形沿纵向差别不大，随着到桥台距离的增加动变形呈逐渐增大的趋势；路涵过渡段实测动变形均值小于 0.10mm，不同位置动变形的差别不大；列车荷载下过渡段所产生的动变形不会使路基基床产生累积变形。实测的路基和过渡段的动变形较小，对线路综合刚度的影响不大，过渡段控制的重点是差异沉降。

路基基床实测的动应力和动变形均低于分析所得的限值，分析得到的剪应变均小于经验性的临界体积效应剪应变，基床不会因列车动荷载的作用产生累积变形，同时，过渡段不同位置实测的动变形差别不大，过渡效果良好。

技术路线见图 1-1。

本书的创新成果如下。

(1) 通过现场试验，采用 ABAQUS 有限元软件对武广高铁综合试验段 12 个路基测试断面进行了动态数值分析，对比分析获得了 12 个路基断面在不同轴重荷载条件下最大动应力、竖向动变形和动剪应变的变化特性数据，提出了在路基的两个横断面和底面施加三维一致黏弹性人工边界，在确保计算精度基础上缩小计算量；运用图形学理论，建立了 8 节点实体减缩积分单元计算模型。

(2) 通过对桥与路基过渡段、桥与桥或桥与隧道过渡段、路堤与路堑过渡段、涵洞与路基过渡段、半挖半填横向过渡段试验，得到了不同工况下的 K_{30}、E_{v2}、E_{vd} 试验对比数据，试验表明，当 $K_{30} \geqslant 150$MPa/m，则 $E_{v1} \geqslant 50$MPa；$K_{30} \geqslant 190$MPa/m 时，则 $E_{v1} \geqslant 60$ MPa。孔隙率 $n < 22\%$ 时，各项检测参数都能满足填筑质量要求，提出了无砟轨道过渡段的施工工艺、施工质量控制方法、质量检测要求与评价标准。

(3) 通过两种车型、120 次高速条件下的动力学试验测试，得到了动应力、加速度、振动速度、动位移均沿路基深度的衰减关系；对过渡段路基工作状态和长期安全稳定性进行了监测和评价，提出了车辆轴重是过渡段路基动应力设计的控制条件。

(4) 通过对无砟轨道典型过渡段试验测试与仿真计算表明：构筑物密集组合型过渡段在路基刚度小于一定水平时，将使轨道产生不平顺，影响旅客舒适度和路基长期稳定性。因而提出了不同构筑物过渡段刚度与变形均匀过渡理论，通过对 28 种过渡段结构形式优化设计，建立了包括桥桥、桥隧、路涵、路隧、堤堑等过渡段结构形式和特殊技术控制变形设计理论。

第二章 过渡段工艺试验及工艺参数分析

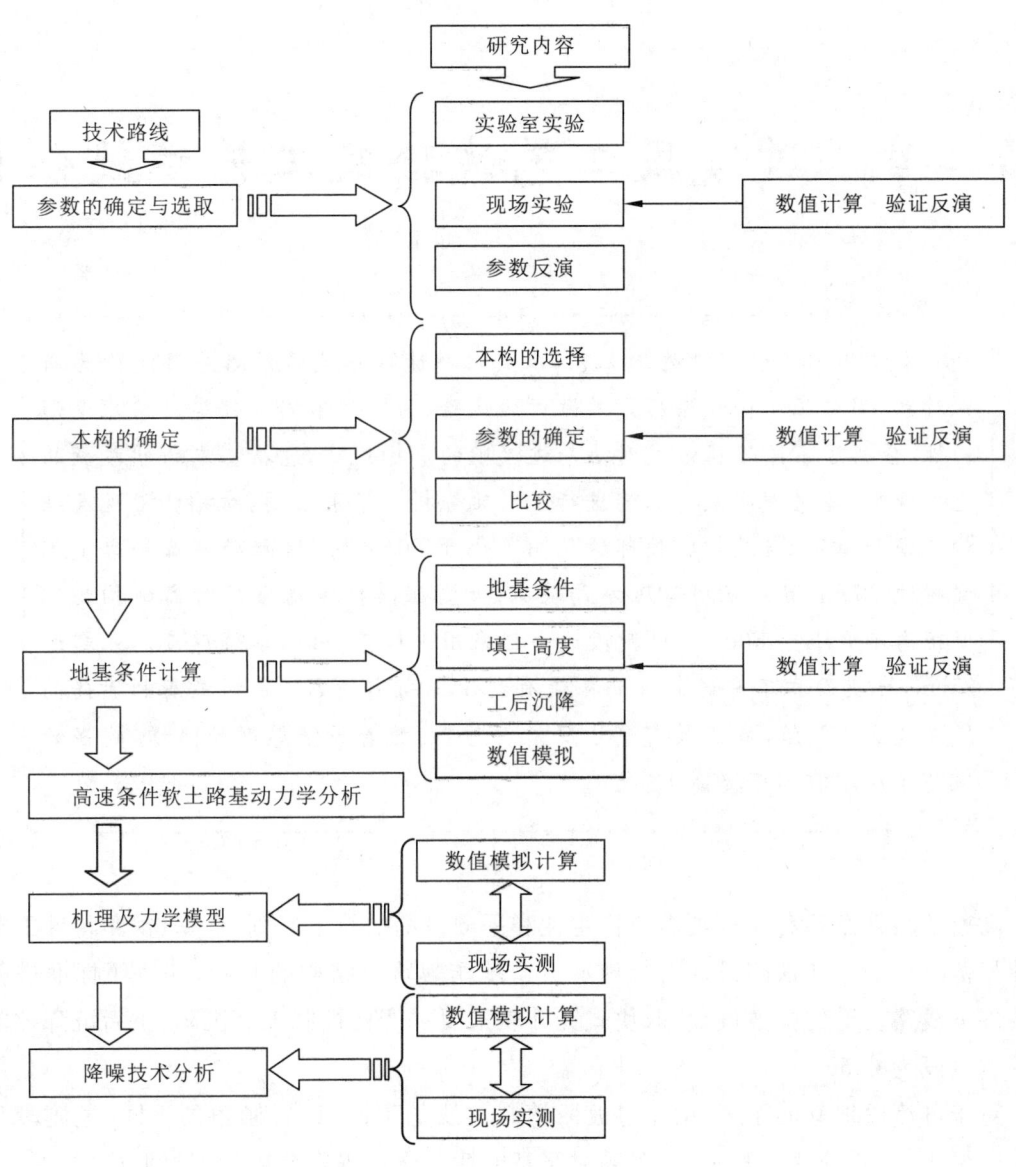

图 1-1 技术路线图

第二章 过渡段工艺试验及工艺参数分析

> 本章提出了过渡段施工工艺,以武广高速铁路试验段路基过渡段为研究对象,用碾压机械和碾压方式做对比试验,研究了不同虚铺厚度路基变形特性,分析了不同碾压方式对路基过渡段的影响规律,包括基本力学参数的变化规律,并对不同试验工艺进行了对比分析。结果表明:结构物附近及结构物顶面填筑,当结构物顶部填筑高度小于80cm时,级配碎石虚铺厚度不宜超过25cm,且应采用静压方式碾压;大型压路机振动碾压时离结构物侧壁距离不宜小于50cm。过渡段边角处采用平板夯实时,虚铺厚度不能超过25cm,夯实面积不宜过大。弱振最有利于提高K_{30}、E_{v1},强振最有利于提高E_{v2}值、E_{v2}/E_{v1}值,静压最有利于降低孔隙率;随着虚铺厚度的递增,越强的振动碾压越有利于提高E_{vd}值。

高速铁路列车的高速行驶需要稳定性和平顺极高的轨下基础,根据《铁路特殊土路基设计规范》《京沪高速铁路设计暂行规定》,路基作为轨道结构的基础,应按照标准进行运营条件下线路轨道的参数设计,双块式无砟轨道要求严格控制工后沉降,工后沉降控制值路桥过渡段为0.5cm。

对于过渡段地基的刚度,由于过渡段填料材质的不同、设置倾角的不同、过渡段几何尺寸的变化、形式的变化和不同、车辆对路基的荷载作用等都会影响到过渡段。

2.1 试验工点概况

本研究进行了过渡段工艺试验及技术应用试验。在DK1237+784~DK1238+005和DK1252+679~DK1252+731试验工点进行了路涵过渡段的基底处理施工;在DIK1825+486.98~DIK1825+530试验工点进行了路桥过渡段的基底处理施工技术及工艺流程;在DK1838+980~DK1839+026试验工点进行了路隧过渡段的基底处理技术应用及流程试验。

各试验工点工艺试验内容如表2-1所示。

表 2-1　过渡段类型及工艺试验内容

试验工点	过渡段类型	试验内容	施工单位
DK1237+784～DK1238+005	路涵过渡段	检测数据统计分析、碾压对涵洞影响	中铁八局
DK1252+679～DK1252+731	涵涵间短过渡段	摊铺系数、碾压时间控制	中铁八局
DIK1825+486.98～DIK1825+530	路桥过渡段	碾压方式对质检影响、最佳填筑含水量	中铁五局
DK1838+980～DK1839+026	隧隧间高填方短过渡段	各虚铺厚度最佳碾压方式、压路机最佳行驶速度、检测指标相关性研究	中铁五局

2.2　过渡段路基基底处理施工技术

过渡段范围内的桥涵等结构物基础基坑,对过渡段路基影响较大,应纳入过渡段路基范围先期处理。过渡段施工主要分为:过渡段基底处理、过渡段基坑回填、碎石垫层施工、基床表层以下级配碎石填筑、基床表层以下过渡段两侧及锥体填筑、基床表层以下级配碎石填筑。过渡段施工工艺流程见图 2-1。

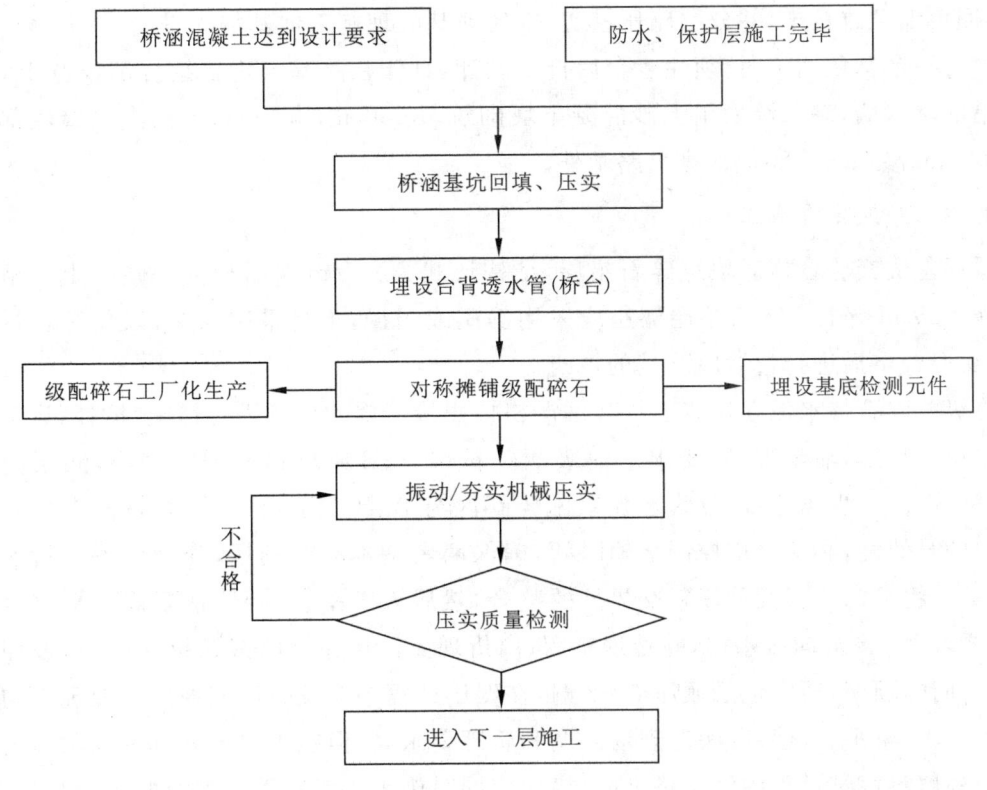

图 2-1　桥涵过渡段施工工艺流程图

为了保证过渡段路基填筑质量,过渡段填筑进入相邻A、B组填料内不宜短于20m,连接处应按不陡于1∶2的坡度分级挖台阶,台阶宽不小于2m,并加强碾压工艺试验及施工过程质量控制。过渡段路基基底处理施工技术如下。

1. 过渡段基底处理

桥涵路基过渡段基底处理按设计要求与桥台、相邻路堤的基底处理同时进行,原地面用推土机清除表层植被和腐殖土,挖除树根,用振动压路机碾压密实,满足 $K_{30}>60\text{MPa/m}$。

2. 基坑回填

涵洞基坑回填常见的有:回填级配碎石掺5%水泥、C15混凝土、C25片石混凝土,基坑底宽不宜小于1m,两侧按1∶0.5～1∶1刷坡,过渡段结构及回填材料应满足设计要求。

填筑级配碎石掺5%水泥时,若底部基坑较窄则需采用小型夯实机械夯实,上部坑较宽时采用压路机进行横向碾压,压路机距涵洞侧壁最小距离不应小于0.5m,采用静压或弱振,压路机碾压不到的位置采用小型夯实机械夯实,填筑压实应满足设计及规范要求。

桥梁基坑回填,采用先进行地基处理后开挖桥台基坑的施工方法时,按设计要求回填水泥级配碎石或回填C25混凝土;而采用先开挖桥台基坑后进行地基处理的施工方法时,则回填细粒改良土,并分层碾压密实,以便地基处理施工地基加固桩。

进行桥台基坑回填时,须注意台后排水设计,具体在路基与桥台结合部设宽10cm带排水槽的渗水墙,渗水墙采用无砂混凝土块砌筑,长30cm,宽10cm。在渗水墙底部设直径 ϕ100mm渗水管将渗流水排出路基外。

3. 碎石垫层的施工

桥涵基坑交验合格后填筑碎石垫层,结构形式为:25cm碎石+5cm砂+土工格栅+5cm砂+25cm碎石。碎石垫层碾压应采用静压或弱振,不得采用强振,以免振坏桩体或桩帽,交验合格后进行过渡段路基的填筑。

将级配碎石掺水泥在稳定土拌和站严格按照最佳掺配比例进行掺配、搅拌,运输车辆从出料口接料,运输至现场,要求水泥级配碎石与A、B组填料需同时到场,同层同时卸料、摊铺、碾压。现场定线,分为水泥级配碎石区与A、B组填料区,计算好两者方量。由于水泥的时效性,必须严格控制运输时间,确保两者基本同时到场,分别在各自料区内卸料、摊铺。粗平时注意两种填料交界处的整合,然后人工配合精平,达到规范平整度要求后,按要求做4%横向排水坡,并处理集窝、离析现象。压路机沿线路纵向碾压,按照先两边、后中间的顺序,通常也是碾压6～8遍,在碾压过程中应及时调整坡度及处理不均匀现象,最后人工整平。该种方法对现场协调和管理要求高,但能很好地处理两种填料的平顺性。两种填料填筑过程中沿线路纵向、横向应同时施工。正梯形水泥级配碎石与外侧A、B组填料交界处应严格按照设计坡度填筑,以免影响过渡段与相邻路基的刚性过渡及沉降控制。施作完成前两层水泥级配碎石后,应在过渡段正梯形坡脚处按设计要求设置 ϕ100mm 透水管,外包土工布。

大型压路机碾压不到的部位,应用小型振动压实设备分层进行碾压,每填筑层小型夯实设备夯实区应分两层夯实,虚铺厚度不宜大于 20cm,夯实 6～8 遍后即能满足规范要求。小型压路机虚铺厚度可与大型压路机碾压部位同厚,碾压 6～8 遍。

4. 现场过渡段施工注意事项

(1)水泥级配碎石从出料至压实完毕,须在 2h 内完成,施工过程应连续,不得中断。

(2)水泥级配碎石属于水泥稳定土类,随温度及含水量变化可能产生线性收缩,通常失水引起的线性收缩(即干缩)会引起过渡段的不均匀沉降,甚至开裂。因此,水泥级配碎石应选择在温度较低不易失水的时间段施工较为有利,而且过渡段要连续进行作业,如果下一层填筑完后不能及时进行上一层填筑,要及时用土工布覆盖,并洒水养护。

2.3 填筑施工工艺试验

2.3.1 过渡段级配碎石最佳配比

DIK1825+486.98～DIK1825+530 工点(1#级配碎石)、DK1838+980～DK1839+026 工点(2#级配碎石)、DK1252+679～DK1252+731 工点(3#级配碎石)采用不同的级配碎石进行原材料、配比、击实试验及无侧限抗压强度试验和压实效果对比。

1. 级配碎石的级配范围及规格配比的对比

DK1252+679～DK1252+731 涵涵间短过渡段级配碎石以砂岩为主,按照《客运专线铁路路基工程施工质量验收暂行标准》(简称暂行标准),基床表层以下级配碎石按 2#标准级配范围进行掺配。

DIK1825+486.98～DIK1825+530 与 DK1838+980～DK1839+026 过渡段级配碎石以砂岩为主,按照《客运专线基床表层级配碎石暂行技术条件》(简称技术条件)要求掺配。

过渡段基床表层以下级配碎石筛分试验见表 2-2,3 种级配碎石的级配参数见表 2-3。

通过上述级配参数可知:采用《客运专线基床表层级配碎石暂行技术条件》掺配的 1#、2#级配碎石的级配较合理,3#级配欠合理。

2. 击实试验及无侧限抗压强度试验对比

级配碎石加入 5% 水泥后击实试验、无侧限抗压强度结果见表 2-4。

比较表 2-5 可知,1#级配碎石掺水泥压实后在 E_{v2}、E_{v2}/E_{v1}、孔隙率等检测指标上有较大优势,因此其配合比是这 3 种规格中最佳配合比。试验表明:级配越好,则 E_{v2}/E_{v1} 越小,孔隙率 n 越低。

表2-2 过渡段基床表层以下级配碎石筛分试验统计表

编号	试验工点	方孔筛边长(mm)							对应标准
		45	40	30	25	20	16	10	
1#	DIK1825级配	100			100		88.3		技术条件
2#	DK1838级配	100			99.6		79.4		技术条件
3#	DK1252级配		100	99	84.5	72.3		63.2	暂行标准

编号	试验工点	方孔筛边长(mm)							对应标准
		7.1	5	2.5	1.7	0.5	0.1	0.08	
1#	DIK1825级配	57		24.9	10.6	3.7	2.6		技术条件
2#	DK1838级配	57		22.7	9	2.8	2.5		技术条件
3#	DK1252级配		45	33		17.5		3.4	暂行标准

表2-3 3种级配碎石的级配参数表

级配参数	1#级配碎石	2#级配碎石	3#级配碎石
C_u	16	16	28.67
C_c	1.56	1.82	1.53

表2-4 击实试验、无侧限抗压强度结果

编号	水泥掺量(%)	最大干密度(g/cm³)	最优含水量(%)	养护7天无侧限抗压强度(MPa)	样品组数
1#	5	2.35	4.9	7.5	5
2#	5	2.32	4.1	7.5	5
3#	5	2.36	4.6	4.2	5

表 2-5　两种级配配合比检测指标对比

编号	虚铺厚度(cm)	碾压方式	K_{30}(MPa/m)	E_{v2}(MPa)	E_{v2}/E_{v1}	E_{vd}(MPa)	孔隙率 n(%)
1#	25	静压6遍	182	498.8	1.77	67.7	17.2
1#	30	静压6遍	170	292.9	2.7	53.8	20.2
2#	25	静压6遍	>240	366.6	2.65	68.7	22
2#	30	静压6遍	256	288.6	5.02	85.8	28

2.3.2　碾压机械对比试验

对 DIK1825+486.98～DIK1825+530 及 DK1838+980～DK1839+026 试验段进行了18t大型压实机械与小型夯实设备的压实效果对比,结果见表2-6、表2-7。

表 2-6　18t压路机与小型夯实设备虚铺厚度25cm时压实效果对比

压实方式	压实遍数	E_{vd}(MPa)	孔隙率 n(%)
平板夯实	夯实2	42.4	29
平板夯实	夯实4	52.5	28
平板夯实	夯实6	54.9	25
平板夯实	夯实8	65.2	26
18t压路机碾压	静压2	34.2	25
18t压路机碾压	静压2+强振2	31.3	19
18t压路机碾压	静压2+强振2+强振2	47.7	20
18t压路机碾压	静压2+强振2+强振2+强振2	47.5	20

由表2-6可知,虚铺厚度为25cm时,在相同压实遍数下,就 E_{vd} 指标而言,平板夯实机械能取得更好的效果;就降低孔隙率方面,压路机则具有显著的优势,级配碎石边缘大型压实机械不易碾压的部分采用平板机械夯实也可以取得令人满意的效果,夯实遍数不少于6遍。

表 2-7　18t压路机与小型夯实设备虚铺厚度 30cm 时的压实效果对比

压实方式	压实遍数	E_{vd}(MPa)	孔隙率 n(%)
平板夯实	夯实 2	50.8	30
	夯实 4	57.8	29
	夯实 6	60.6	27
	夯实 8	66.8	28
18t压路机碾压	静压 2	54.1	29
	静压 4	60.0	25
	静压 6	85.8	28
	静压 8	79.6	22
	静压 10	100.0	24

由表 2-7 可知，虚铺厚度为 30cm 时，E_{vd} 随着平板夯实遍数递增，孔隙率在夯实 6 遍后即能满足规范要求，但孔隙率勉强满足规范要求；大型压路机的压实效果正常。

分析试验数据可得出，压实机械的选择对路基压实质量有着较大影响，过渡段边角处采用平板夯实时，虚铺厚度不能超过 25cm，夯实面积不宜过大。

2.3.3　摊铺系数与最佳碾压含水量

过渡段基床表层以下级配碎石摊铺系数见表 2-8。通过对比上述两个工点可以看出，摊铺系数不仅与压实机械、摊铺厚度有关，而且与级配碎石配比及材料特性也有密切的关系。一般情况下，在同一摊铺厚度时，吨位较大的压路机碾压的摊铺系数也较大；在同一吨位机械压实时，摊铺厚度越小，则摊铺系数越大。试验段水泥级配碎石的摊铺系数在 1.2~1.4 之间。

表 2-8　过渡段基床表层以下级配碎石摊铺系数表

试验区段	级配碎石编号	压实机械	摊铺厚度(cm)	压实厚度(cm)	摊铺系数(%)
DK1252+679~DK1252+731	3#	18t压路机	33	28	1.21
		22t压路机	28	22	1.31
DK1838+980~DK1839+026	2#	18t压路机	21	15	1.37

在 DIK1825+486.98～DIK1825+530 路桥过渡段现场试验结果见图 2-2，级配碎石+5%水泥的现场填筑最优含水量为 4.9%，与室内击实试验结果相吻合，拌和时应控制实际含水量为最优含水量±1%。

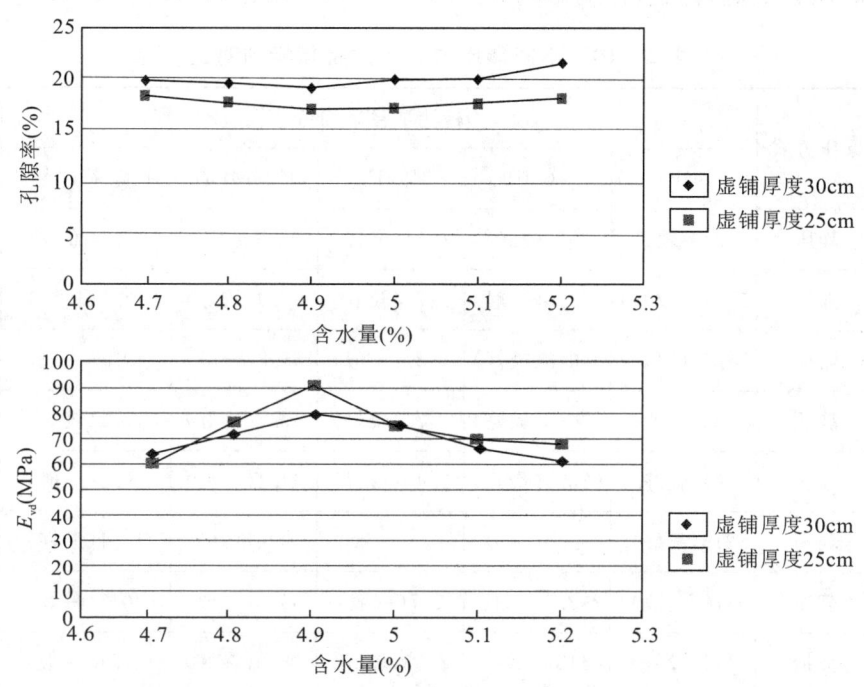

图 2-2　不同虚铺厚度含水量与 E_{vd}、孔隙率的关系

2.3.4　压路机碾压行驶速度对比

压路机碾压行驶速度对比关系见表 2-9。由表 2-9 可以看出：采用 18t 压路机在相同压实方式、遍数及虚铺厚度下，速度 2.5km/h 的压实效果较速度 1.5km/h 更好。

表 2-9　压路机碾压行驶速度的对比关系（DK1838+980～DK1839+026 区段）

虚铺厚度（cm）	压实遍数	速度（km/h）	E_{vd}（MPa）	孔隙率 n（%）	K_{30}（MPa/m）	E_{v2}（MPa）	E_{v1}（MPa）	E_{v2}/E_{v1}
20	静压6	1.5	52.5			307.2	85.8	3.57
20	静压6	2.5	73.0			301.9	94	3.21
20	静压10	1.5	55.0	23	282	292.5	105.9	2.76
20	静压10	2.5	70.4	19	>240	335.2	107.3	3.12
35	静压8	1.5	64.2	29	201	254.5	79.3	3.2
35	静压8	2.5	61.1	27	232	279	70.1	3.98

2.3.5 不同虚铺厚度下碾压方式对比

在 DIK1825+486.98～DIK1825+530 试验段进行了不同碾压方式下质检指标的对比，以了解碾压方式对检测指标的影响，方便现场压实质量控制（表 2-10）。

表 2-10 不同碾压方式下质检指标的对比

虚铺厚度(cm)	碾压方式	检测项目平均值					综合评价
		K_{30}(MPa/m)	E_{v2}(MPa)	E_{v2}/E_{v1}	E_{vd}(MPa)	孔隙率 n(%)	
20	静压	>240(较好)	208(较好)	2.54(最好)	116(最好)	17.1(最好)	静压效果最好
	强振	>240(较好)	183.6(一般)	2.72(较好)	83.9(较好)	17.5(较好)	
	弱振	>240(较好)	340.8(最好)	4.27(一般)	61.8(一般)	19.7(一般)	
25	静压	182(一般)	498.8(较好)	1.77(较好)	67.7(较好)	17.2(较好)	弱振效果最好
	强振	184(较好)	622.5(最好)	1.43(最好)	64.1(一般)	19.3(一般)	
	弱振	216(最好)	431.5(一般)	2.1(一般)	99(最好)	17.1(最好)	
30	静压	170(一般)	292.9(一般)	2.7(一般)	53.8(一般)	20.2(最好)	强振效果最好
	强振	175(较好)	415(最好)	2.53(较好)	78.6(较好)	21.1(一般)	
	弱振	184(最好)	376.5(较好)	2.5(最好)	70(较好)	20.4(较好)	

由表 2-10 可知：

(1)一般情况下，弱振最有利于提高 K_{30}、E_{v1} 值，强振最有利于提高 E_{v2} 值及 E_{v2}/E_{v1} 值，静压最有利于降低孔隙率，随着虚铺厚度的递增，越强的振动碾压越有利于提高 E_{vd} 值。不同碾压方式对各项检测指标的影响还与虚铺厚度有一定关系。

(2)随着虚铺厚度的增大，加振对于碾压效果的有利影响越明显。

(3)在机械、虚铺厚度、填料性质、填筑含水量一定的情况下，静压、弱振、强振对于压实质量存在一个最佳组合方式。

为进一步研究碾压最佳组合方式，在 DK1838+980～DK1839+026 隧隧间短路基过渡段工点进行的虚铺厚度分别为 20cm、25cm、30cm、35cm，18t 压路机采用不同静压、振动组合方式的碾压试验，通过比较分析得出该 4 种虚铺厚度对应的最佳碾压组合方式。

1. 虚铺厚度 20cm 对应的最佳碾压组合方式

虚铺厚度 20cm 压实遍数与各项检测指标的关系见图 2-3、图 2-4。

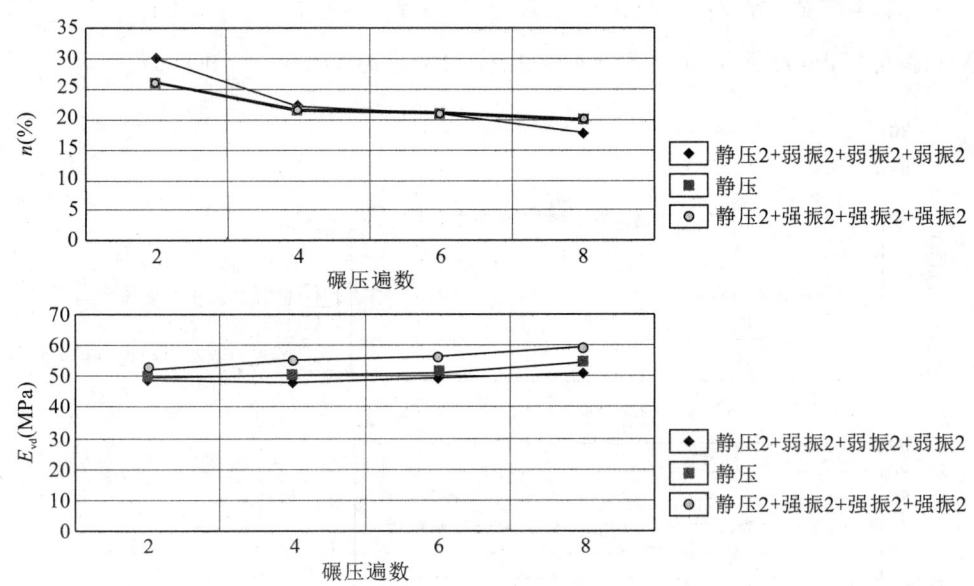

图 2-3　虚铺厚度 20cm 压实遍数与 n、E_{vd} 的关系

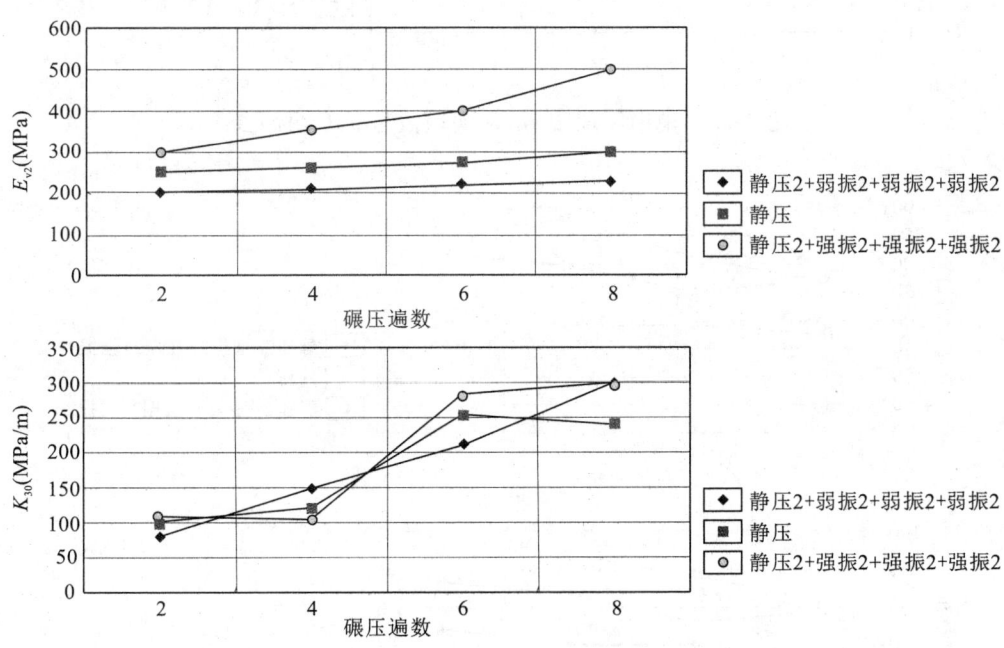

图 2-4　虚铺厚度 20cm 条件下压实遍数与 E_{v2}、K_{30} 的关系

比较图 2-3 和图 2-4 可知,虚铺厚度为 20cm 时,静压 6 遍后各项检测指标均能满足规范要求,且比强振、弱振压实效果明显要好。因此虚铺厚度 20cm 时,静压为最佳碾压方式。

2. 虚铺厚度 25cm 对应的最佳碾压组合方式

虚铺厚度 25cm 压实遍数与各项检测指标的关系见图 2-5～图 2-7。

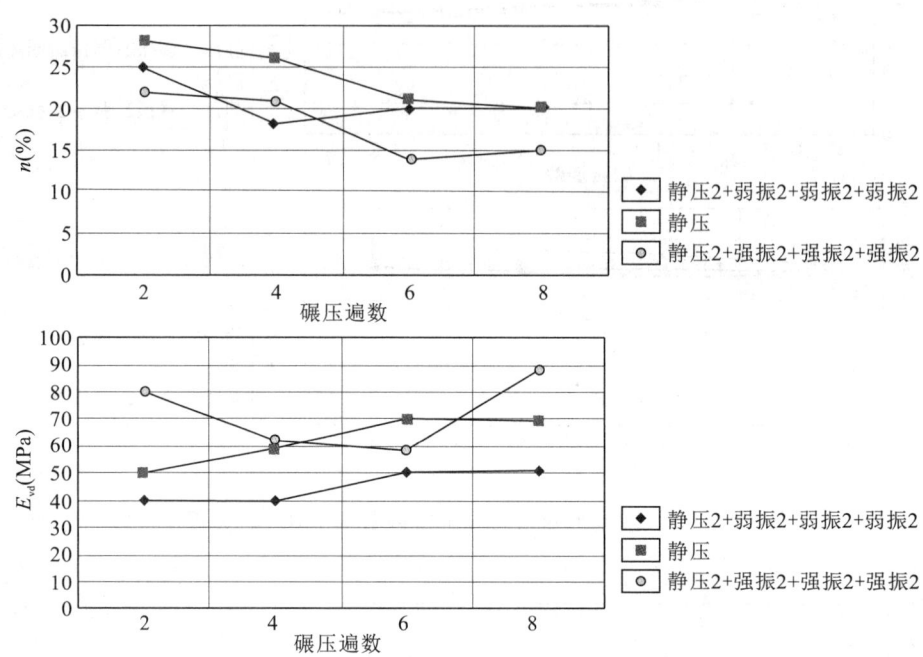

图 2-5　虚铺厚度 25cm 压实遍数与 n、E_{vd} 的关系

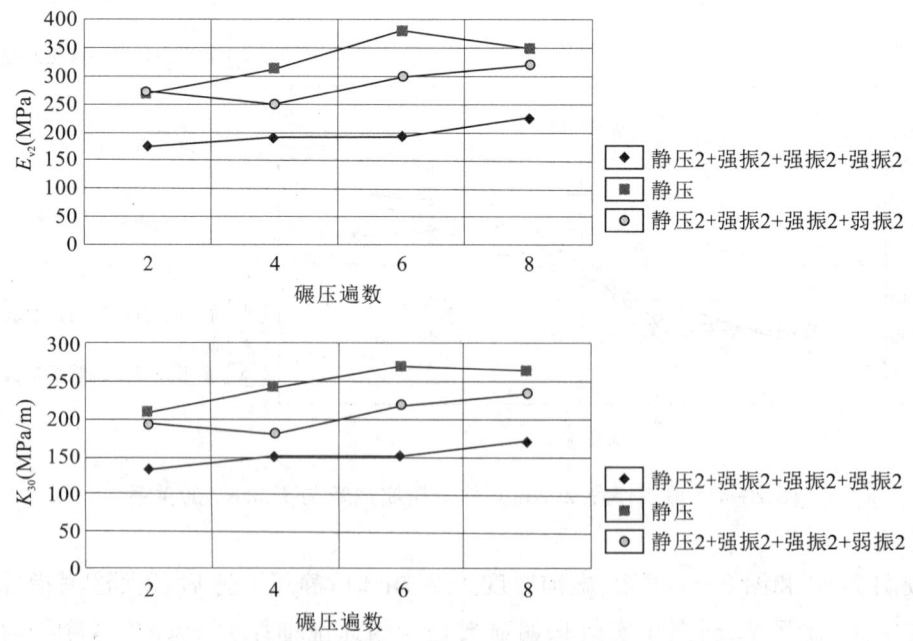

图 2-6　虚铺厚度 25cm 条件下压实遍数与 E_{v2}、K_{30} 的关系

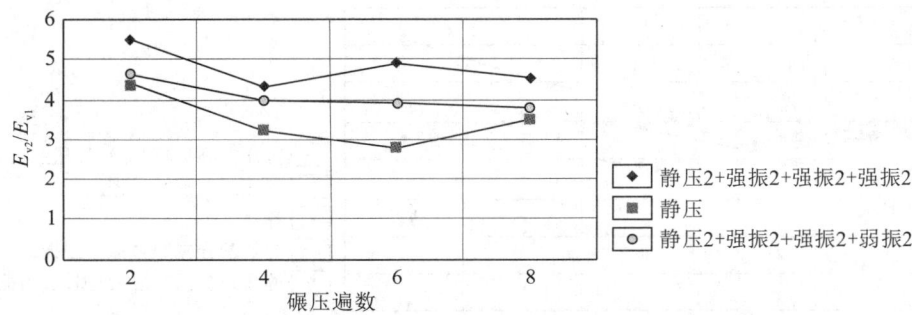

图2-7　虚铺厚度25cm条件下压实遍数与E_{v2}/E_{v1}的关系

比较图2-5～图2-7可知,虚铺厚度25cm时,静压6遍后各检测指标均能满足规范要求,除孔隙率外其他检测指标均较振动压实效果好。因此虚铺厚度25cm时,静压为最佳碾压方式。

3. 虚铺厚度30cm对应的最佳碾压组合方式

虚铺厚度30cm压实遍数与各项检测指标的关系见图2-8～图2-10。

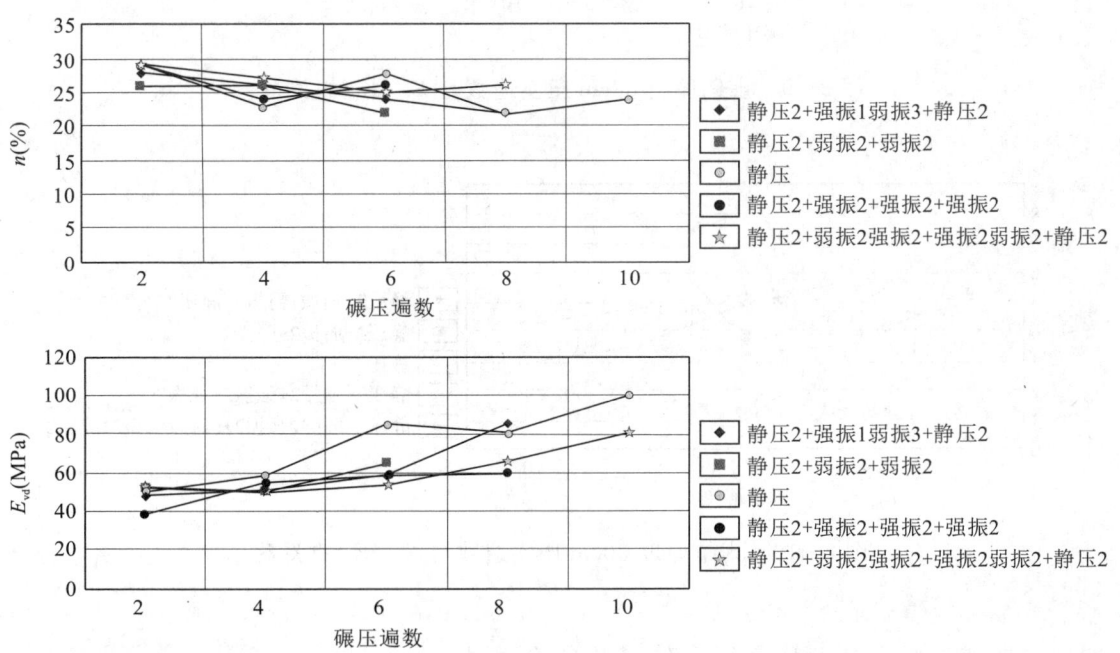

图2-8　虚铺厚度30cm压实遍数与n、E_{vd}的关系

比较图2-8～图2-10可知,静压的检测指标曲线多呈波浪状起伏,压实效果可控性差,强振检测数据也具有一定波动性。因此,当虚铺厚度为30cm时,"静压2＋强振1弱振3＋静压2"综合压实效果最佳。

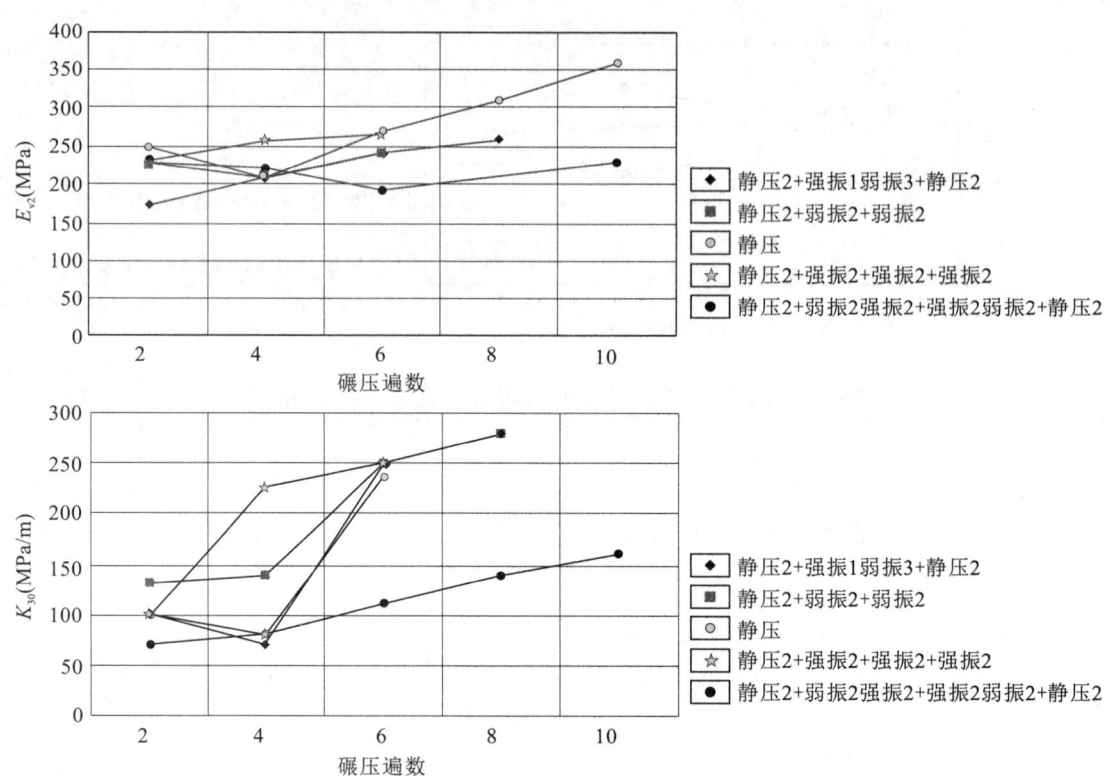

图 2-9 虚铺厚度 30cm 压实遍数与 E_{v2}、K_{30} 的关系

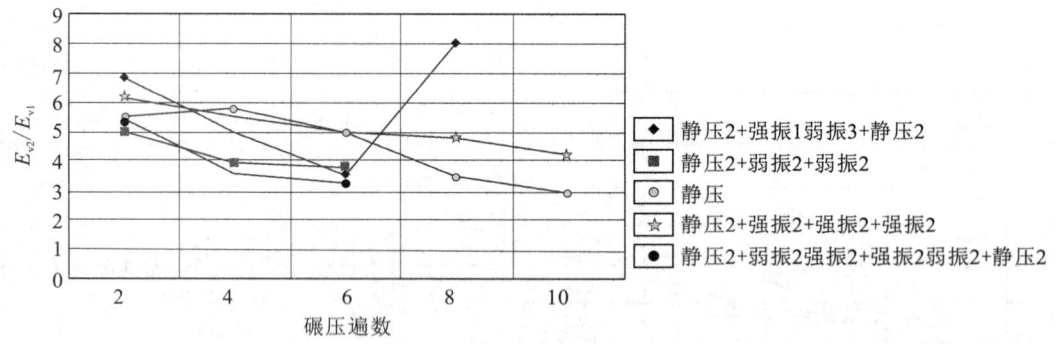

图 2-10 虚铺厚度 30cm 压实遍数与 E_{v2}/E_{v1} 的关系

4. 虚铺厚度 35cm 对应的最佳碾压组合方式

虚铺厚度 35cm 压实遍数与各项检测指标的关系见图 2-11～图 2-13。

比较图 2-11～图 2-13 可知，当虚铺厚度为 35cm 时，"静压 2＋弱振 1 强振 3＋弱振 1 强振 3＋弱振 1 强振 3"综合压实效果最佳。

分析试验数据得出，采用 18t 的碾压机，当虚铺厚度≤25cm 时，静压效果好；虚铺厚度＞25cm 时，静压与振动的组合碾压效果好，虚铺厚度越大，强振次数应相应增加。而满

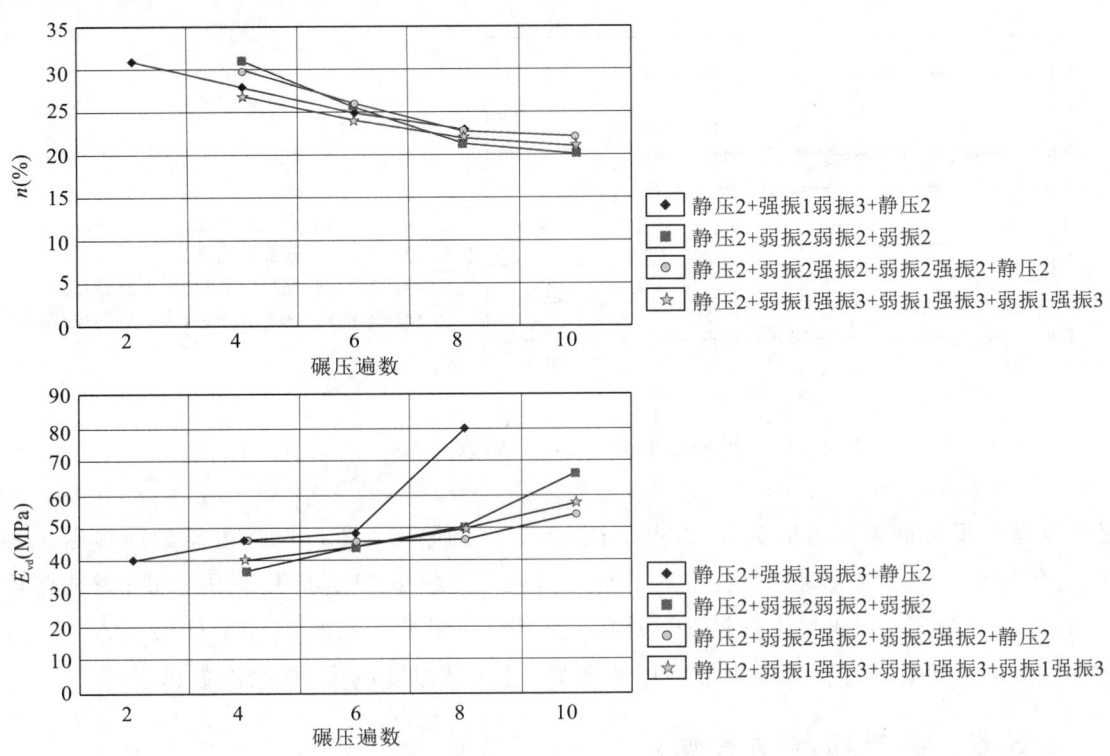

图 2-11 虚铺厚度 35cm 压实遍数与 n、E_{vd} 的关系

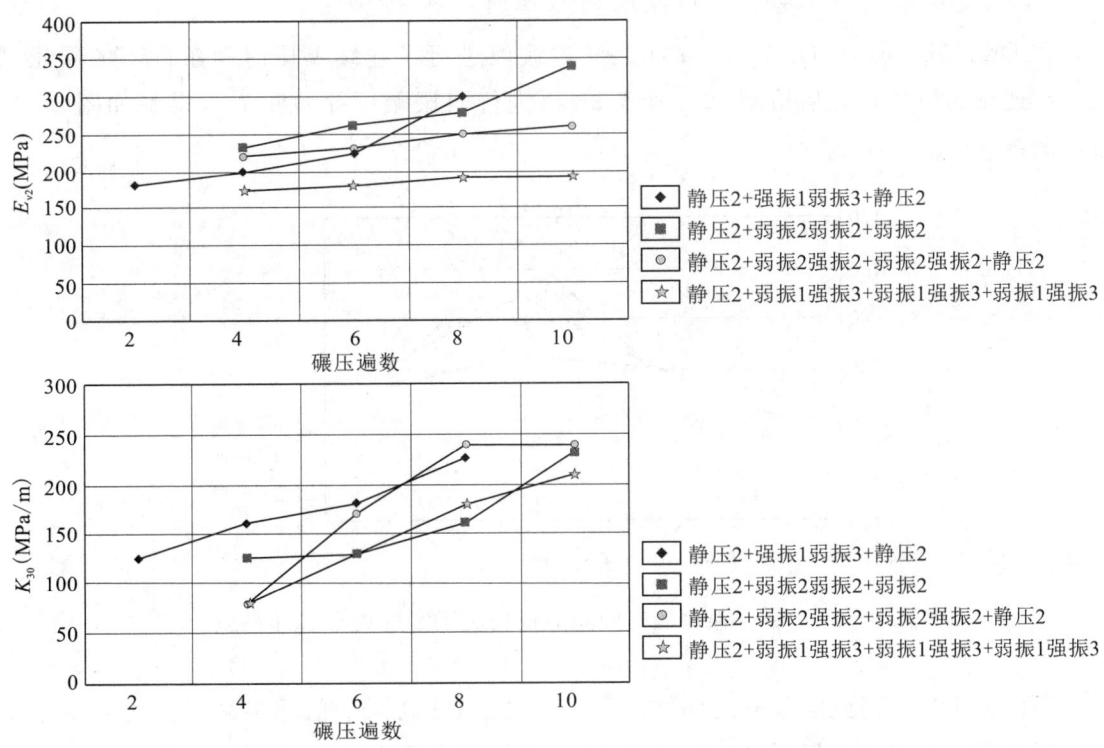

图 2-12 虚铺厚度 35cm 压实遍数与 E_{v2}、K_{30} 的关系

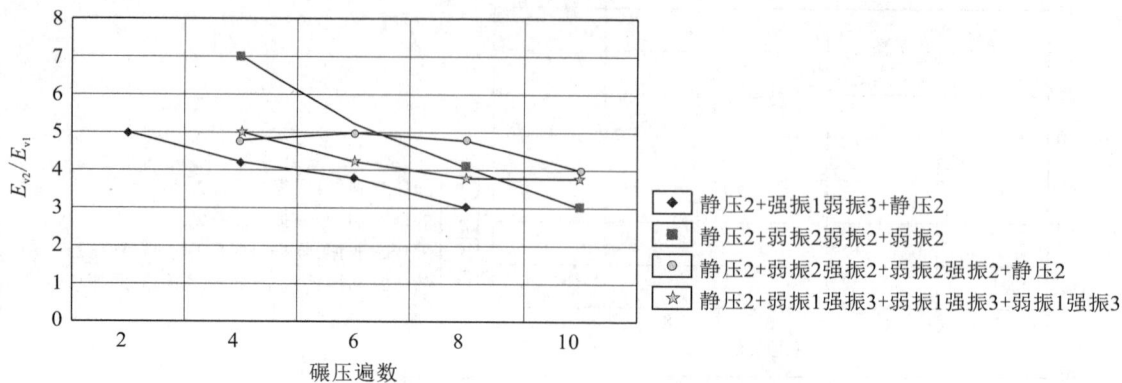

图 2-13　虚铺厚度 35cm 压实遍数与 E_{v2}/E_{v1} 的关系

足各项压实指标的碾压遍数为 6～8 遍。因此，当虚铺厚度≤25cm 时，静压为最佳碾压方式；虚铺厚度 25～35cm 时，"静压 2＋强振 1 弱振 3＋静压 2"为最佳碾压方式；虚铺厚度＞35cm 时，"静压 2＋弱振 1 强振 3＋弱振 1 强振 3＋弱振 1 强振 3"为最佳碾压方式。虚铺厚度 30cm 以上时需要强振来加强压实效果，且虚铺厚度越大，强振次数越多。

2.3.6　检测指标相关性分析

1. 过渡段级配碎石掺 5% 水泥连续碾压时间控制

在 DK1252＋679～DK1252＋731 路涵过渡段进行了连续碾压时间条件下的碾压试验。在连续弱碾压 6 遍后检测 E_{vd}，放置 2h 再进行弱振碾压并检测 E_{vd}，得到如图 2-14 所示曲线。

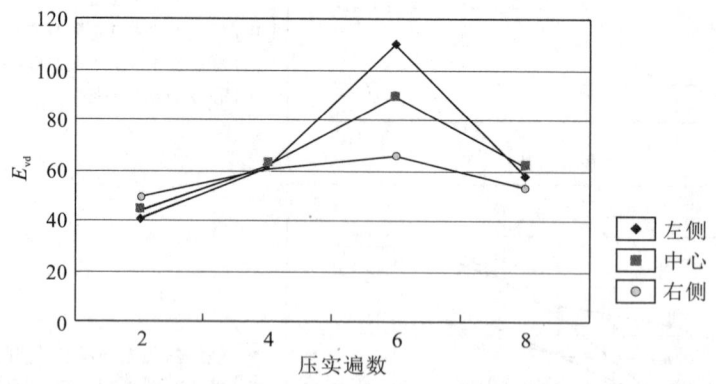

图 2-14　6～8 遍碾压时间间隔拉长后压实遍数与 E_{vd} 的关系

弱振碾压第 6 遍到第 8 遍之间间隔了 2h，碾压 8 遍后 E_{vd} 值明显减小。这是由于水泥初凝后再碾压反而破坏了结构强度，因此水泥级配碎石应在 2h 内完成碾压。

2. 质检指标之间的关系

DK1838+980～DK1839+026试验段采用18t压路机碾压2#级配碎石得到检测数据进行拟合分析,检测指标K_{30}与E_{v1}、E_{v2}的相关性高,K_{30}与E_{v2}/E_{v1}、E_{vd}和n的相关性较高(表2-11)。

从统计意义而言,$K_{30} \geq 150 \text{MPa/m}$,$E_{v1} \geq 50 \text{MPa}$;$K_{30} \geq 190 \text{MPa/m}$,$E_{v1} \geq 60 \text{MPa}$。

表2-11 K_{30}与E_{v2}、E_{v1}、E_{v2}/E_{v1}、E_{vd}和n的相关性评价

关系指标	相关关系式	R^2	相关性评价
K_{30}与E_{v2}	$\dfrac{E_{v2}}{1-\sqrt{K_{30}/E_{v2}}} = 1.0684 \times E_{v2} - 2.3254$	0.9964	高
K_{30}与E_{v1}	$\dfrac{E_{v1}}{1-\sqrt{K_{30}/E_{v1}}} = 1.1565 \times E_{v1} + 7.9898$	0.9942	高
K_{30}与E_{v2}/E_{v1}	$\dfrac{E_{v2}/E_{v1}}{1+\sqrt{K_{30}/(E_{v2}/E_{v1})}} = 0.0327(E_{v2}/E_{v1}) + 2.3853$	0.977	较高
K_{30}与E_{vd}	$\dfrac{E_{vd}}{1-\sqrt{K_{30}/E_{vd}}} = 1.1633 \times E_{vd} + 7.9878$	0.9613	较高
K_{30}与n	$\dfrac{n}{1+\sqrt{K_{30}/n}} = 1.054 \times n - 9.5851$	0.926	较高

3. 质检指标与摆放时间的关系

在虚铺厚度35cm条件下,质检指标与放置时间的关系见表2-12。

表2-12 质检指标与放置时间的关系(虚铺厚度35cm)

碾压方式及遍数	试验数据种类					
	E_{vd}(MPa)	n(%)	K_{30}(MPa/m)	E_{v2}(MPa)	E_{v1}(MPa)	E_{v2}/E_{v1}
静压2	46.8	23	77	188.3	30.1	6.25
静压2+弱振2+强振2	39.1	17	123	243.1	48.2	5.03
第二天测量	179	17		1 352	509.3	2.65

水泥级配碎石碾压完成后放置,随着水泥的进一步凝固,相隔24h后,除了孔隙率外,各项质检指标都大幅度增加。

碾压遍数除了受压实机械、虚铺厚度、压实速度和施工含水量影响外,还与级配碎石的配合比等原材料特性有很大关系。现场施工应根据实际情况确定碾压遍数。

通过对水泥级配碎石检测指标与放置时间的分析可知:水泥级配碎石从现场搅拌到碾压完毕时间不应超过2h,否则再碾压将会破坏水泥级配碎石的强度。且水泥级配碎石从现场搅拌到检测时间间隔不宜超过6h,即充分碾压完成后至检测时间间隔不宜超过4h,否则检测数据将会受到水泥时间效应的影响而偏大,从而造成检测数据失真。

2.4 压路机碾压对于横向结构的影响

在DK1237+784～DK1238+005试验段进行了压路机振动碾压时对涵洞影响的试验。

过渡段横断面及土压力盒布置见图2-15。用h表示碾压面到713#、772#压力盒垂直高度,用d表示压路机压轮至涵洞侧壁距离(图2-16)(注:下文中若无特别说明时,h和d均为此定义)。

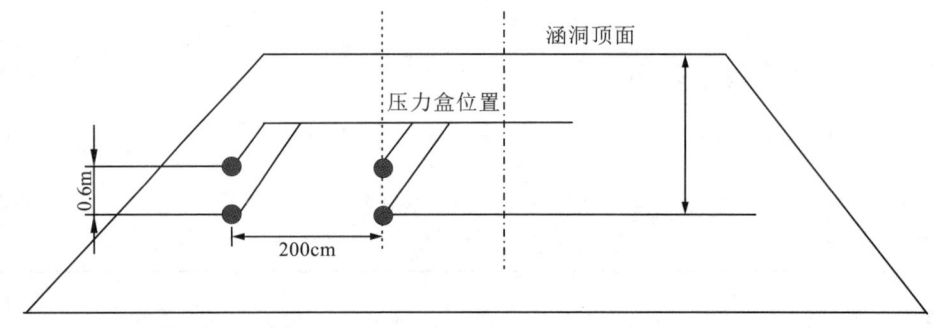

图2-15 过渡段横断面及土压力盒布置示意图

1. 压路机碾压对于涵洞侧壁的动态特性影响

压路机碾压对于涵洞侧壁的动态特性影响见图2-17。

压路机对不同d值的情况进行强振振动碾压试验,由图2-17可见,距离涵洞侧壁大于1m之外,压路机碾压施工对涵洞侧壁影响可忽略不计。

从测试数据来看,BW225D型压路机压轮至结构侧壁距离为0.5m时,静压对结构侧壁没有太大影响;而强振不仅对结构侧壁的影响大,且压轮位置可控性较差,位置偏差最大可达30cm左右。因此不宜在距涵洞侧面50cm以内进行振动压实,但可进行静压。

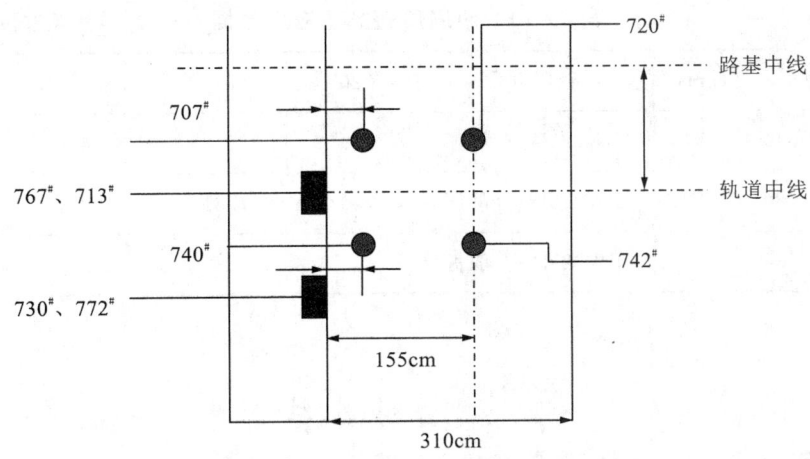

图 2-16 涵洞顶面土压力盒布置图

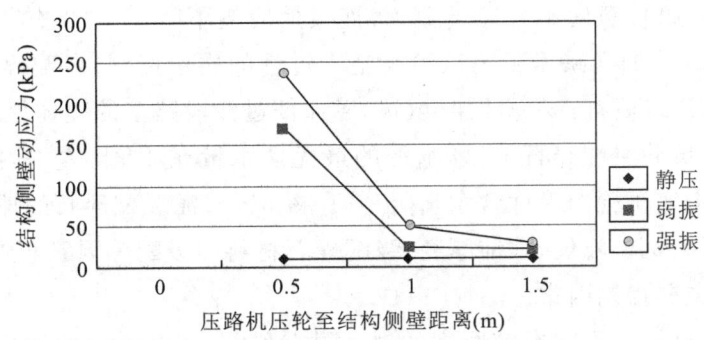

图 2-17 动应力与 d 的关系(第二次试验,强振)

2. 压路机碾压对于涵洞顶面的动态特性影响

元件埋设见图 2-16。碾压方案如下:涵洞顶面上填料厚度分别达 40cm、80cm 时,BW225D-3 压路机分别进行静压、静压后弱振,压路机在轨道中线附近沿线路纵向碾压。

压路机在传感器正上方压实,涵洞顶面动应力见表 2-13。虚铺高度为 40cm 时,动应力比较大(最大大于 420kPa)。而填高达到 80cm 时动应力剧减,对涵洞影响不大,说明涵洞顶填高小于 80cm 时,压路机不能在涵洞顶进行振动碾压。

因此,结构物附近和结构物顶面填筑,结构物顶部填筑高度小于 80cm 时,级配碎石虚铺厚度不宜超过 25cm,且应采用静压方式碾压;大型压路机振动碾压时,离结构侧壁距离不宜小于 50cm;过渡段边角处采用平板夯实时,虚铺厚度不能超过 25cm,夯实面积不宜过大。

表 2-13　涵洞顶面的动应力数据　　　　（单位：kPa）

顶面填土高度(cm)	碾压方式	720#	740#	742#	707#
40	BW225D-3 静压	421.39	325.89	384.48	403.62
80	BW225D-3 静压	8.19	7.81	10.66	6.57
80	BW225D-3 弱振	18.16	29.25	17.61	18.00

2.5　本章小结

(1)过渡段路基施工组织：过渡段范围内的桥涵等结构物基础基坑，对过渡段路基影响大，应纳入过渡段路基范围先期处理。对于过渡段缺口，为了保证过渡段路基填筑质量，进入相邻 A、B 组填料内不宜短于 20m，连接处应按不陡于 1∶2 的坡度分级挖台阶，台阶宽不小于 2m，并加强碾压工艺试验及施工过程的质量控制；级配碎石、外包 A、B 组填料及相邻的 A、B 组填料宜尽量同时填筑，以保证过渡段路基的整体填筑压实质量。

(2)室内击实试验级配碎石＋5％水泥的最优含水量在 4.9％左右，拌和站拌和含水量宜控制在室内击实试验的最优含水量±1％。掺 5％水泥级配碎石的摊铺系数为 1.2～1.4。压实度受压实机械吨位、虚铺厚度、级配碎石材料和级配等因素影响，压实机械与级配碎石性质则是主要控制因素。

(3)不同碾压机械与不同虚铺厚度的对比试验结果：采用 18t 的碾压机，当虚铺厚度≤25cm 时，静压效果好；虚铺厚度＞25cm 时，静压与振动的组合碾压效果好，虚铺厚度越大，强振次数应相应增加。而满足各项压实指标的碾压遍数为 6～8 遍。因此，当虚铺厚度≤25cm 时，静压为最佳碾压方式；虚铺厚度 25～35cm 时，"静压 2＋强振 1 弱振 3＋静压 2"为最佳碾压方式；虚铺厚度＞35cm 时，"静压 2＋弱振 1 强振 3＋弱振 1 强振 3＋弱振 1 强振 3"为最佳碾压方式。

(4)通过研究碾压对横向结构的影响得到：结构物顶部填筑高度小于 80cm 时，级配碎石虚铺厚度不宜超过 25cm，且应采用静压方式碾压；大型压路机振动碾压时，离结构侧壁距离不宜小于 50cm；过渡段边角处采用平板夯实时，虚铺厚度不能超过 25cm，夯实面积不宜过大。

(5)工艺试验检测结果表明：K_{30} 与 E_{v1}、E_{v2} 均具有良好的相关性，K_{30} 与 E_{v2}/E_{v1}、E_{vd} 和 n 具有较好的相关性。当 $K_{30} \geqslant 150$MPa/m 时，$E_{v1} \geqslant 50$MPa；当 $K_{30} > 190$MPa/m 时，$E_{v1} \geqslant 60$MPa。孔隙率 $n < 22\%$ 时，其余各项检测指标都能满足要求。过渡段压实的大量检测数据与工艺试验结果完全一致。建议过渡段路基填筑压实质量可采用 n、E_{v2}/E_{v1}、E_{vd}、E_{v1}、E_{v2} 五项指标进行检测。

第三章　过渡段结构形式变形控制设计技术

> 本章阐述了过渡段结构形式与技术要求、不同结构物短路基密集结合处过渡段的结构形式与技术要求,就不同结构物间路基纵向过渡段、不同桩长或板型、加固区与非加固区之间、横向过渡段设计及技术要求进行了归纳和总结,通过分析得出不同过渡段振动位移、速度、加速度的响应幅值双块式无砟轨道大于板式无砟轨道,动应力响应则与此相反,双块式无砟轨道小于板式无砟轨道,最后提出了过渡段结构形式变形控制设计技术。

3.1　过渡段的结构形式与技术要求

一般过渡段路基指单一的路桥过渡段、路涵过渡段、路隧过渡段、路堤与路堑过渡段、半填半挖过渡段等基本类型。根据路基的填挖情况和地质条件细分,一般过渡段路基的组合类型有14种(表3-1)。

过渡段的结构形式、技术要求的验证与优化如下。

1. 路桥过渡段

路桥过渡段按路基填挖情况和地质条件,可细分为以下3种类型。

(1)桥台与填方路基过渡段:采用倒梯形结构形式,基床表层下的级配碎石+5%水泥,梯形短边长3m,斜坡率1∶2;基床表层级配碎石+5%水泥,长不小于4倍桥台高度,且不短于20m,桥台台尾基坑纳入到过渡段路基一并处理,采用C15混凝土回填。工后沉降控制标准与压实标准按《客运专线无砟轨道铁路设计指南》(铁建设〔2005〕754号)(以下简称《设计指南》)中的要求不变。优化后的结构形式见图3-1,压实标准见表3-2。

表 3-1 一般过渡段路基主要类型

过渡段分类	主要组合类型
路桥过渡段	桥台与填方路基过渡段
	桥台与挖方路基过渡段（土质、软质岩或强风化硬质岩）
	桥台与挖方路基过渡段（硬质岩）
路涵过渡段	填方地段路涵（横向构筑物）过渡段（洞顶填土 $h \leqslant 2m$）
	填方地段路涵（横向构筑物）过渡段（洞顶填土 $h > 2m$）
	挖方地段路涵过渡段（土质、软质岩或强风化硬质岩）
	挖方地段路涵过渡段（硬质岩）
路隧过渡段	路隧过渡段（土质、软质岩或强风化硬质岩）
	路隧过渡段（硬质岩）
路堤与路堑过渡段	路堤与路堑过渡段（土质、软质岩或强风化硬质岩路堑）
	路堤与路堑过渡段（硬质岩路堑）
半填半挖过渡段	半填半挖过渡段（土质、软质岩或强风化硬质岩路堑）
	半填半挖过渡段（硬质岩路堑）
不同岩土组合路基纵横向过渡段	桥与填方路基过渡段

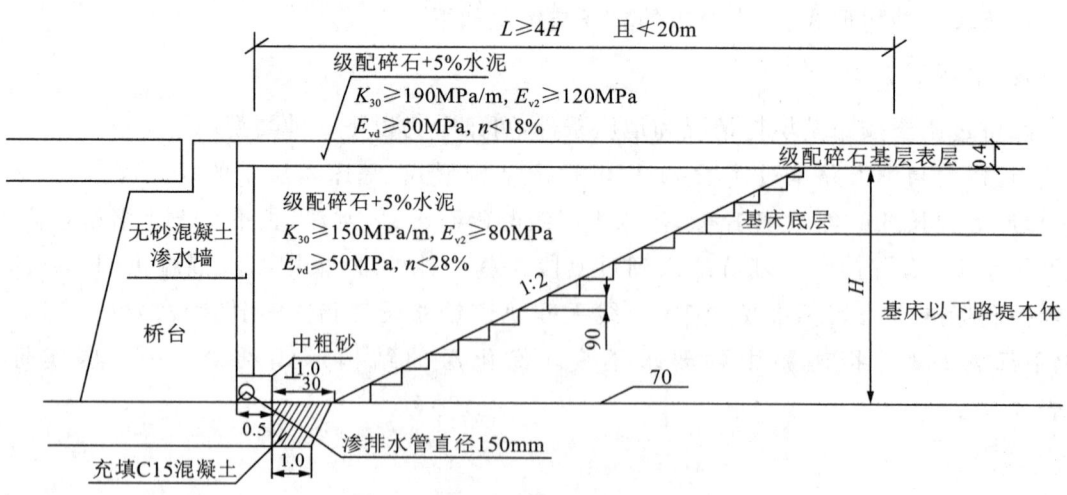

图 3-1 填方地段路桥过渡段结构形式示意图

表 3-2　涵洞顶面动应力数据　　　　　　　　　　（单位：kPa）

设计速度目标值 (km/h)	轨道类型	填料类型	填筑部位	压实标准		
				E_{v2}(MPa)（或地基系数 K_{30}(MPa/m)）	动态变形模量 E_{vd}(MPa)	孔隙率 n(%)
350	无砟轨道	级配碎石+5%水泥	基床表层	≥120(≥190)	≥50	<18
			基床表层以下	≥80(≥150)	≥50	<28

将正梯形结构形式改为倒梯形结构形式，不仅进一步提高了过渡段路基的刚度，也改善了动态响应，同时减少了级配碎石+5%水泥的数量，进一步降低了工程造价。

(2) 桥台与挖方路基过渡段（土质、软质岩或强风化硬质岩）：过渡段的设置应重点加强桥台开挖基坑的处理，使刚度及变形与路堑换填厚度及回填材料协调。建议结构形式见图 3-2。

(3) 桥台与挖方路基过渡段（硬质岩）：考虑到硬质岩的刚度很大，桥台台后基坑均应采用 C25 混凝土回填，斜坡率以 1∶0.5 为宜。建议结构形式见图 3-3。

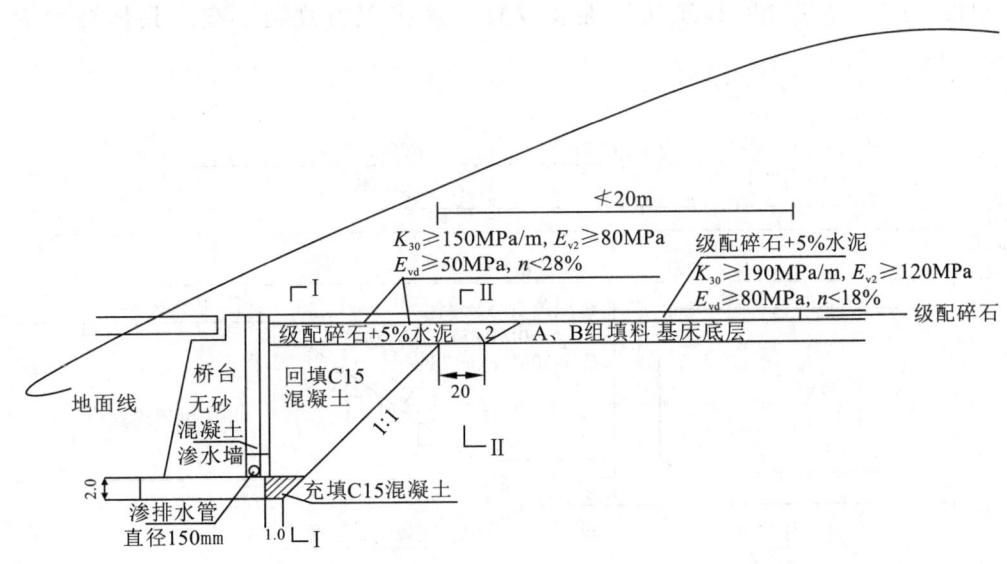

图 3-2　挖方地段路桥过渡段结构形式示意图（土质类）

2. 路涵过渡段

根据现场测试及数值仿真计算，涵洞顶的填土高度不一致，则涵洞位置的路基整体刚度不一致。一般涵洞顶填土厚度越小，则涵洞顶路基的刚度与一般路基的刚度相差越大；填土厚度较大时，则刚度差较小。因此，路涵过渡段的设置，应结合涵洞顶填方高度、路基的填挖情况和地质条件综合考虑，具体可分为以下几种类型。

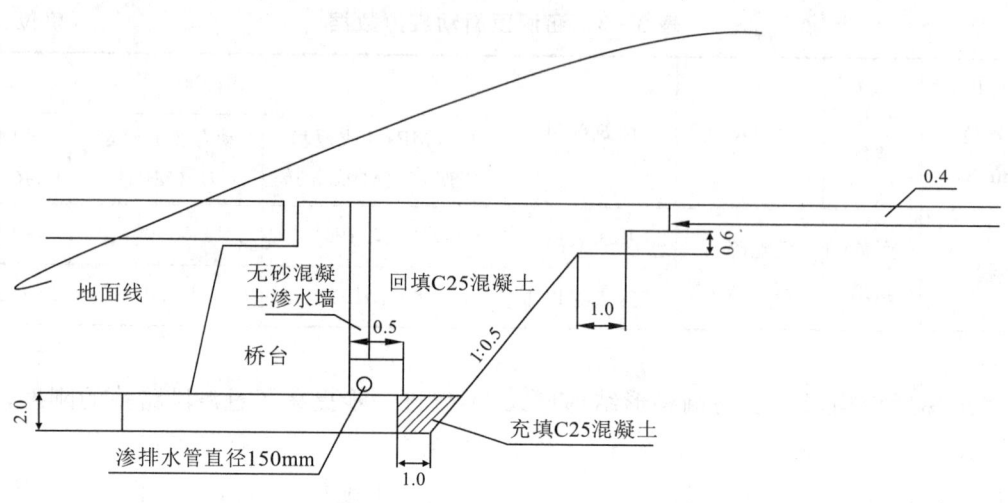

图 3-3 挖方地段路桥过渡段结构形式示意图(硬质岩)

(1)填方地段路涵(横向构筑物)过渡段:《设计指南》中已作出了较详细的规定,并经验证可行,可将《设计指南》中的正梯形结构形式优化为倒梯形结构形式,级配碎石+5%水泥,斜坡率应不陡于1:2,压实标准及设置长度按现行规范不变。具体结构形式见图3-4和图3-5。

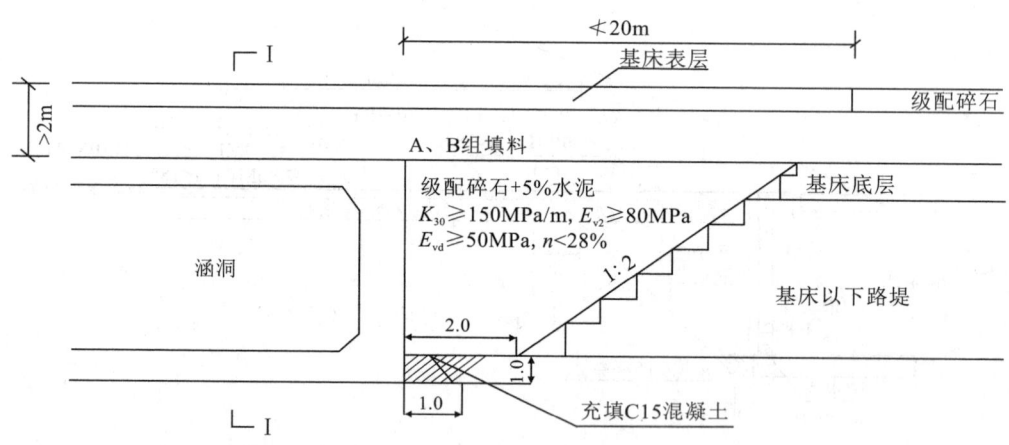

图 3-4 填方地段路涵过渡段结构形式图($h>2m$)

(2)挖方地段路涵(横向构筑物)过渡段:现行规范中没有相应的要求与结构形式,但在实际工程中因为排水或交通等原因,往往需要在挖方地段设置涵洞或其他横向构筑物,因此应将涵洞基坑的处理纳入到过渡段路基一并处理。对这类过渡段,需要同时根据地基土的强度和路堑基床换填情况综合考虑设置过渡段。

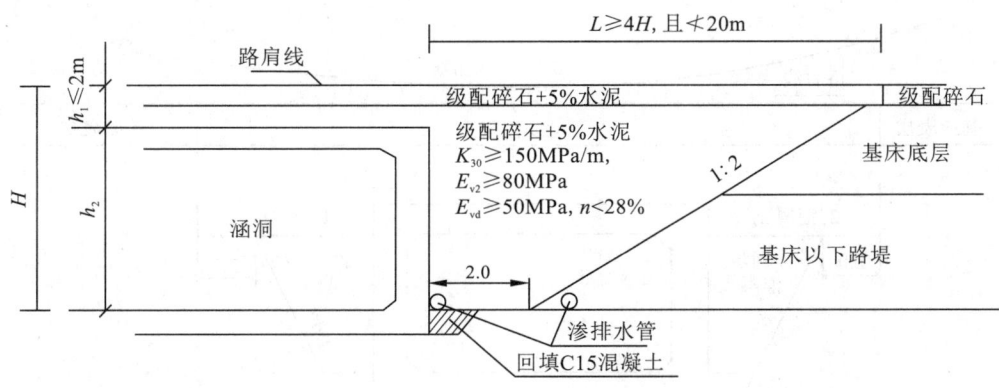

图 3-5 填方地段路涵过渡段结构形式图（h≤2m）

当地基土为土质、软质岩或强风化硬质岩时，涵洞基坑在路堑基床底层换填面以下采用 C15 混凝土回填，其上夯填级配碎石＋5％水泥；基床表层级配碎石＋5％水泥的填筑长度不短于 20m。具体结构形式见图 3-6。

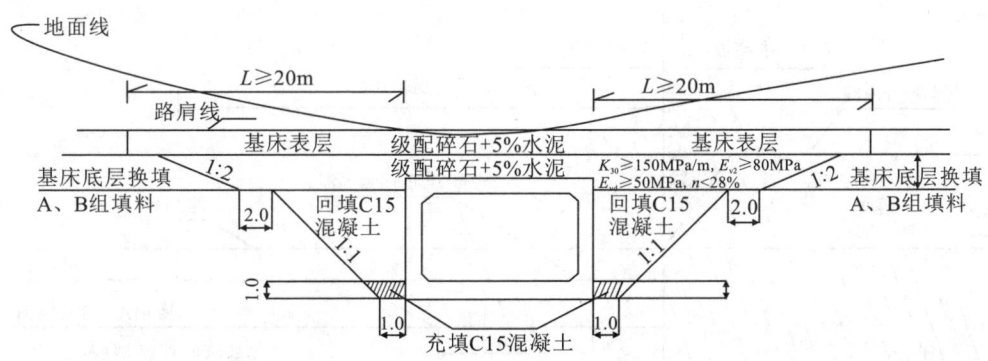

图 3-6 挖方地段路涵过渡段结构形式图（土质类）

当地基土为硬质岩时，由于两端为硬质岩，路基基床一般不需要换填，对涵洞基坑应采用 C25 混凝土回填，同时设置好伸缩缝。具体结构形式见图 3-7。

(3) 当涵洞或横向构筑物与线路方向斜交时，过渡段的设置应根据上述各种类型按正交设置。

3. 路隧过渡段

路隧过渡段大多位于路堑地段，地基条件一般较好，根据 DK1838+980～DK1839+026 试验工点现场测试，路堑地段填筑的级配碎石＋5％水泥的路基整体刚度达 165～179kN/mm，C25 混凝土的刚度在 300kN/mm 左右，级配碎石＋5％水泥的路基整体刚度与 C25 混凝土刚度比在 1∶2 内，满足过渡段的刚度比要求。

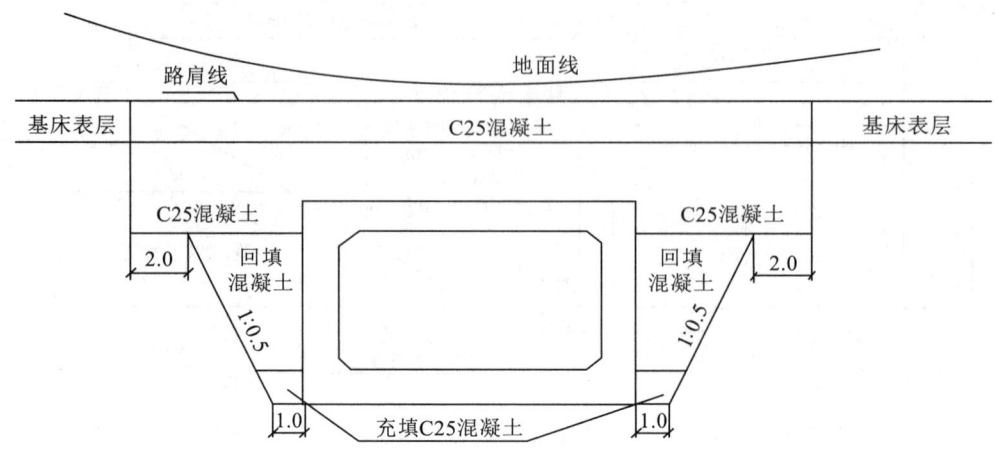

图 3-7 挖方地段路涵过渡段结构形式图（硬质岩）

因此，土质、软质岩地段的路隧过渡段，根据路堑基床换填要求可采用级配碎石+5%水泥过渡到 A、B 组填料，其设置长度仍不小于 20m。具体结构形式见图 3-8。

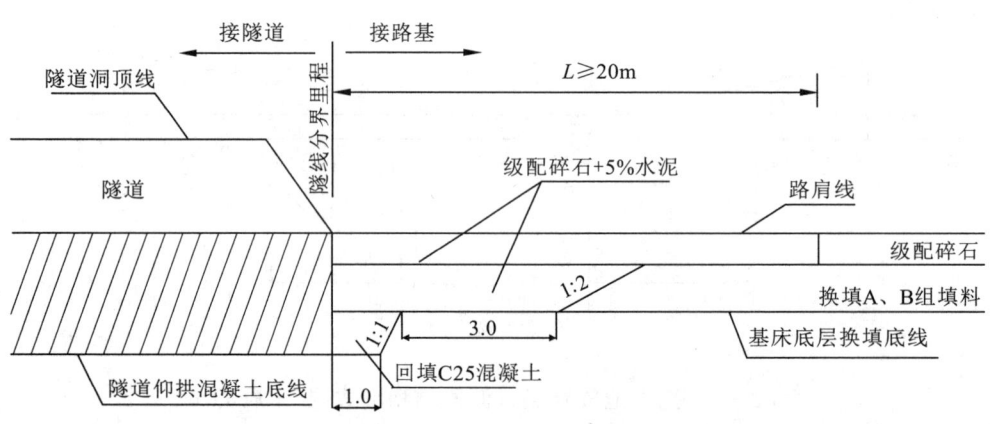

图 3-8 路隧过渡段纵向结构形式图（土质类）

当土质、软质岩地段的路隧过渡段存在管线槽过轨要求，或线间沟往路基引排水等要求时，为避免预埋管道施工给过渡段路基质量留下隐患，则靠隧道洞门位置可设置一段混凝土过渡段，再接级配碎石+5%水泥过渡，满足接口要求。

在硬质岩地段，路基基床一般不换填，仅将隧道洞门开挖基坑回填 C25 混凝土即可。具体结构形式见图 3-9。

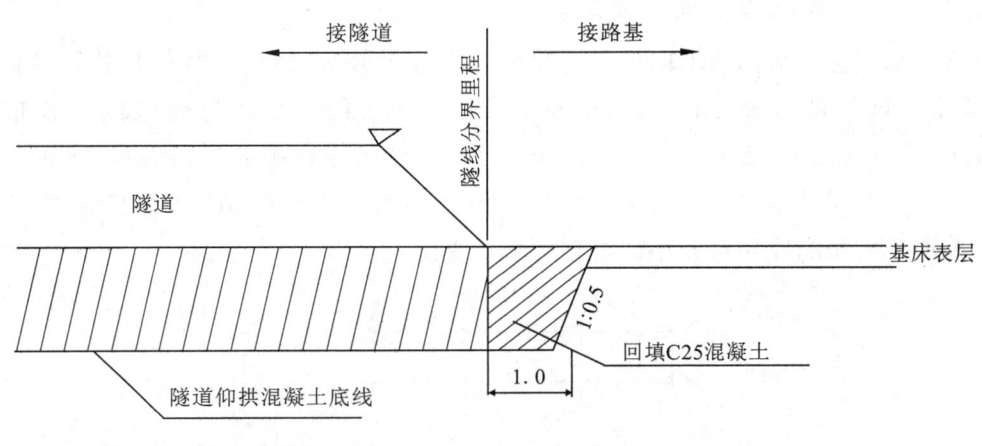

图 3-9 路隧过渡段纵向结构形式图(硬质岩)

3.2 过渡段路基地基加固设计及技术要求

地基处理与加固措施的过渡也是路基过渡段设计的重要组成部分,其主要目的是控制路基纵向、横向上的差异沉降,确保路基的平顺过渡。

不同结构物之间地基存在明显的沉降差,以及具体路基工点不同地段基底的地形、地质条件相差巨大,形成的地基沉降量和沉降差异明显。本设计通过对基地的挖除换填、地基加固桩的桩间距、桩长的变化,使得地基纵、横向沉降量达到逐渐过渡变化,以满足客运专线纵横向沉降差的控制要求。

地基处理的过渡设计主要包括:不同结构物(路与桥、路与涵等)之间地基加固纵向过渡设计;不同地基加固桩长或桩型之间纵向过渡设计;加固区与非加固区之间的过渡设计;横向过渡设计和不同沉降控制标准结构物地基处理的过渡设计等。

1. 路与桥、路与涵之间地基加固纵向过渡设计

为达到路桥、路涵等过渡段地基的纵向沉降的逐渐过渡,设计采用桩型、桩间距、桩长变化等方法过渡。桩型变化是指与桥梁等结构物相接地段选用预应力管桩、方桩或钻孔灌注桩进行加固,其后选用刚度相对较小的 CFG 桩、旋喷桩等加固,以达到沉降量逐渐过渡变化的目的;同时各种桩的桩间距由小到大逐渐变化,桩间距变化一般采取每隔 3~5 排增大一定数值形式[增加值 $\Delta=0.1\sim0.2$, $n_i=(d_3-d_1)/\Delta$ 取整,且 $(d_1+i\Delta) \not > d_2$, d_1 与 d_2 应为同一桩型按不同工后沉降值计算的桩间距],一般在不小于 20m 范围地基采用加固桩桩间距或桩长变化,以满足工后沉降控制值由 5~10mm 过渡到 15mm。对于路涵横向构筑物的过渡地段,应注意过渡段范围内的布桩与横向构筑物的加固措施协调,确保不均匀沉降满足要求。

2. 不同桩长或桩型之间纵向过渡设计

复合地基或桩网结构的不同桩长之间也应设置过渡区,原则上从短桩往长桩侧逐渐递增,递增幅度不超过 0.5m(如加固桩长从 10m 到 15m 之间过渡区的桩长依次为 10.5m、11m、11.5m、…、14m、14.5m、15m),当加固桩已深达硬底时,则过渡区的桩长随硬底线变化。不同桩型之间宜在不短于 10.0m 范围内采用桩长或桩间距变化逐渐过渡,过渡段范围宜采用刚性相对较小的桩型(图 3-10)。

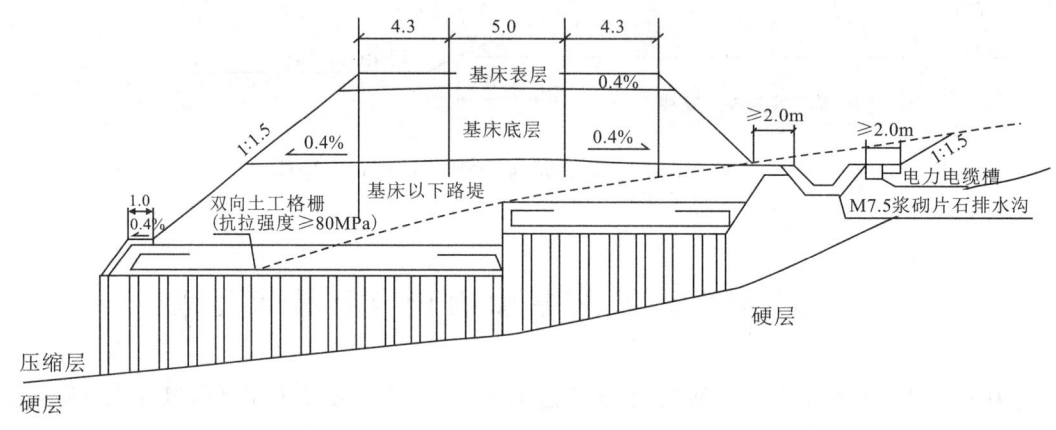

图 3-10 横向过渡地基加固示意图

3. 加固区与非加固区之间的过渡设计

复合地基或桩网结构加固区到非加固区时,应将加固区纵向延长不小于 10m 范围作为布桩过渡区;过渡区范围内桩间距按不大于 0.2m 的幅度逐渐加大,直至达到各种桩型常用的最大桩间距。当过渡区加固桩已深达硬底时,则过渡区的桩长随硬底线变化。

4. 横向过渡设计

陡坡路堤地段,当路堤基底无法通过挖台阶,使基底水平时,应进行横向不均匀沉降差的控制。分别按左线左侧 2m、右线右侧 2m 处为检算控制点,全断面沉降差应控制在 5mm 以内,横向按不同桩间距布桩实现平稳过渡。当路基基底下卧地层存在横向不均匀变化时,应进行横向不均匀沉降差的控制;当地基加固至硬层(非压缩层或基岩)时,原则上桩底沿硬层顶面走势采用不同桩长实现过渡;当为"悬浮桩"时,分别按左线左侧 2m、右线右侧 2m 处为检算控制点,横向按不同桩间距布桩实现过渡,全断面沉降差应控制在 5mm 以内。

5. 不同沉降控制标准结构物地基处理的过渡设计

车站范围正线路基与到发线、存车线间路基采用的标准不同,路基工后沉降控制标准也不同,明显存在地基处理和加固桩型的差别、加固桩长、加固区与非加固区等横向过渡问题。原则上均需参照上述处理措施设置地基加固措施的横向过渡。

3.3 过渡段梯形坡角的设计与分析

对于路桥过渡段,无论是正梯形,还是倒梯形结构形式,铁路规范均设置了坡角的限值。坡角对过渡段结构的动态响应有何影响,下面将对其进行研究。车速取 350km/h,过渡段长度 20m,过渡段坡角取 1∶1.5、1∶2.0、1∶2.5 三种情况。

图 3-11 为竖向振动位移幅值随过渡段坡角的变化曲线。过渡段坡角 1∶1.5、1∶2.0、1∶2.5 对竖向振动位移影响并不大;但对基床表层动应力影响非常明显,随着深度的增加,坡角对动应力的影响减弱。

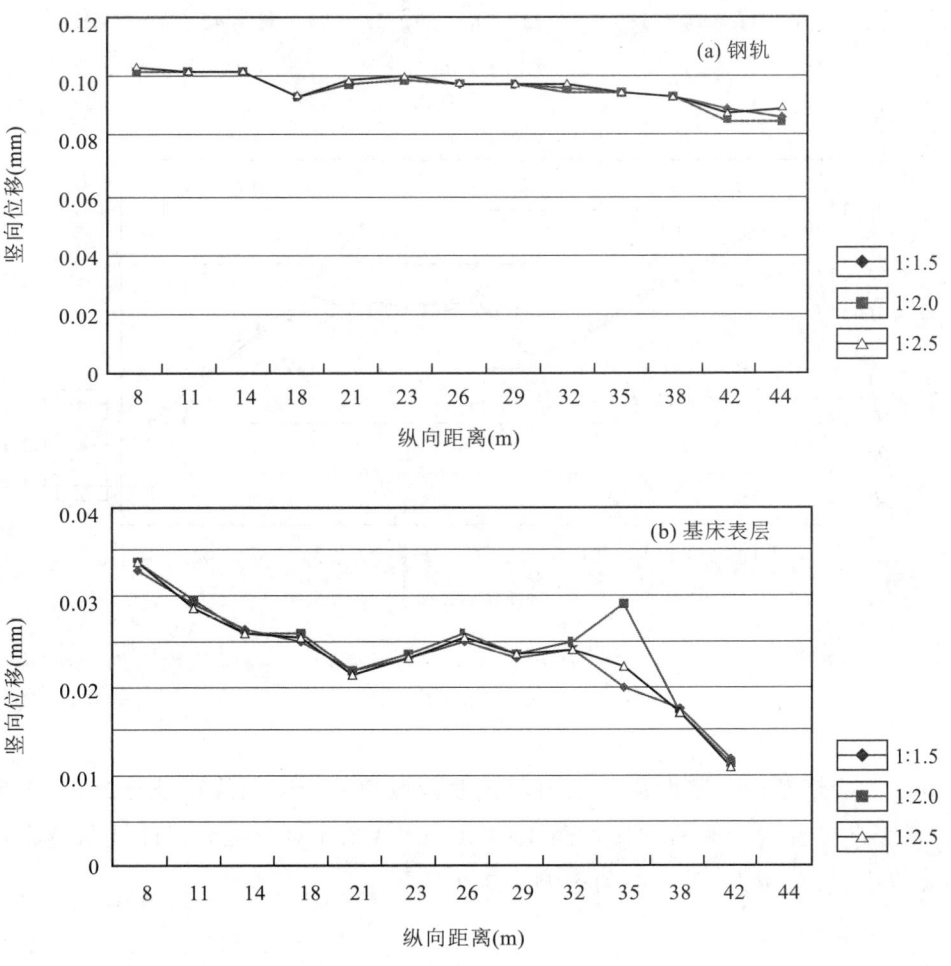

图 3-11 竖向振动位移幅值随过渡段坡角的变化曲线图

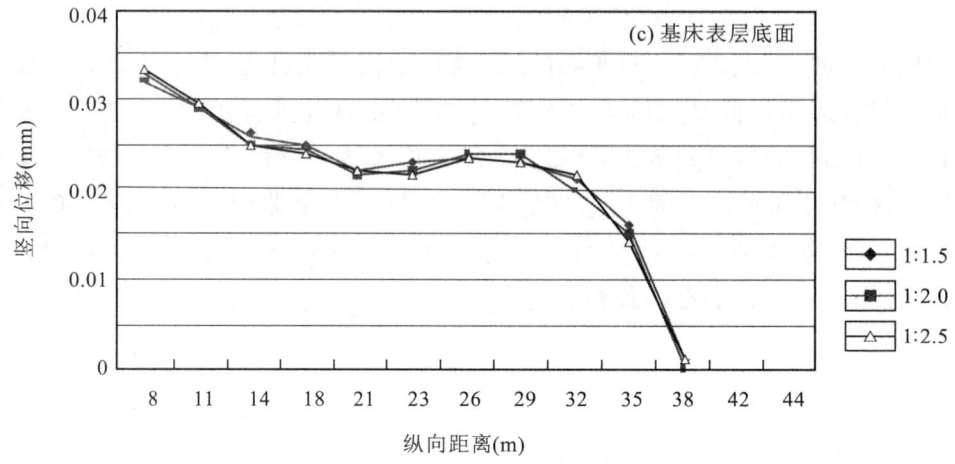

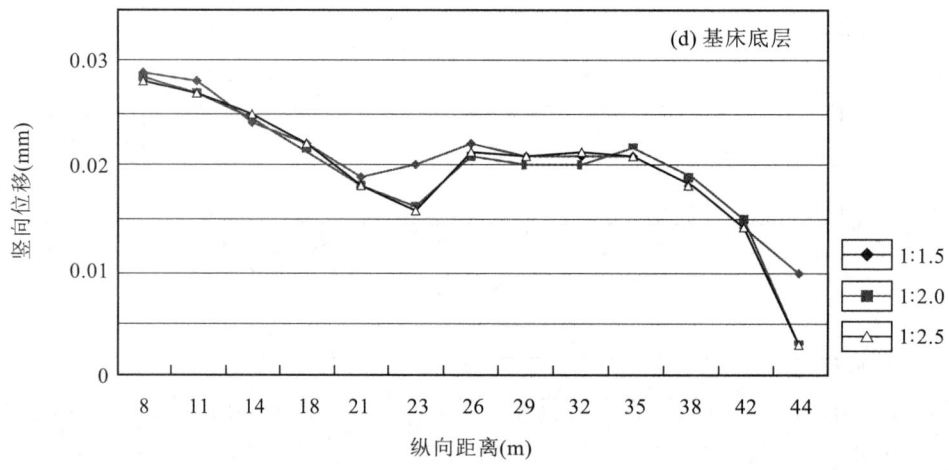

续图 3-11

图 3-12 为横断面上竖向应力幅值随过渡段坡角的变化曲线。坡角为 1∶1.5 时，竖向动应力、竖向弹性应变幅值均比坡角 1∶2.0 和 1∶2.5 对应值大。即坡角越小，对应的动态响应越小；坡角越大，对应的动态响应越大。

第三章 过渡段结构形式变形控制设计技术

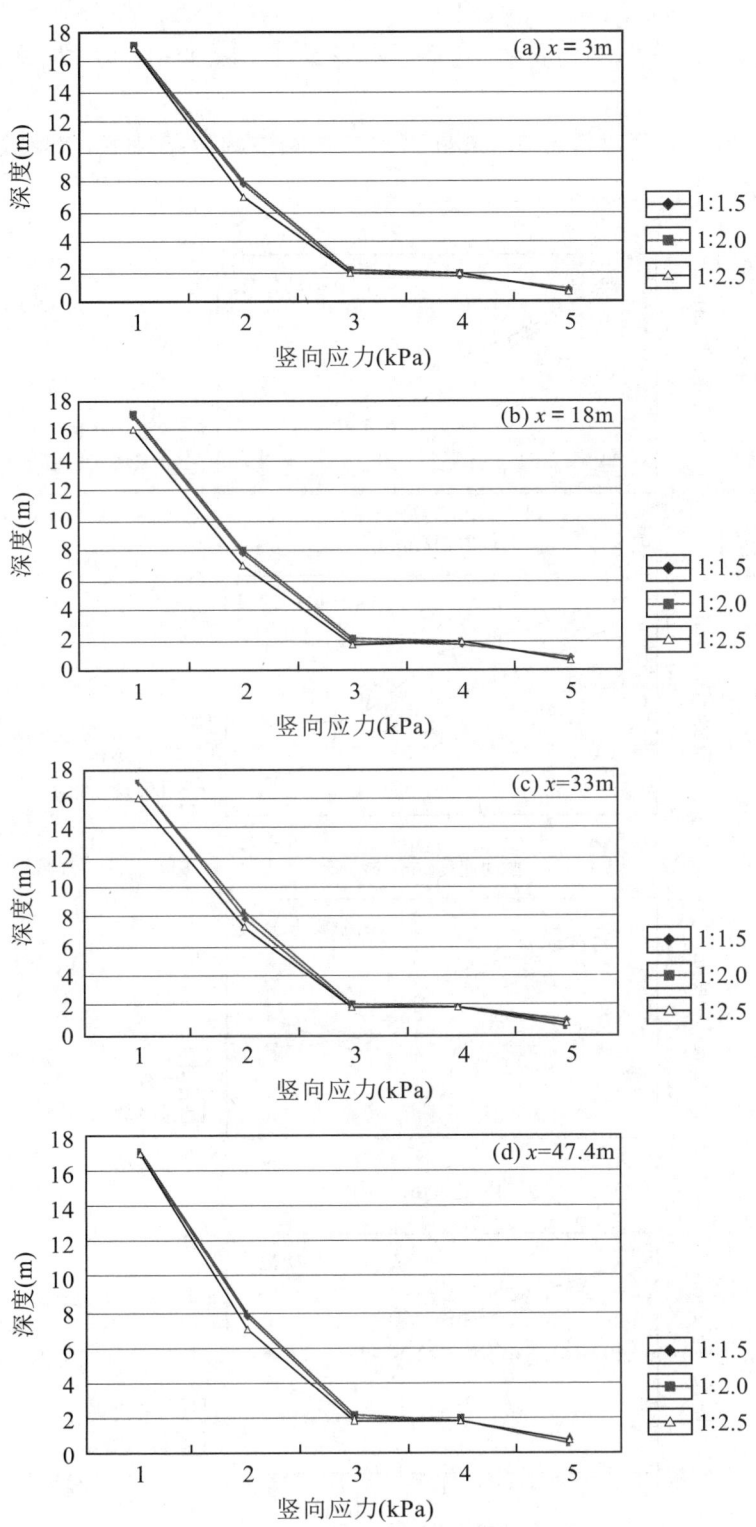

图 3-12 横断面上竖向应力幅值随过渡段坡角的变化曲线图

3.4 无砟轨道结构形式的设计与分析

在车速350km/h、距离桥台5.4m断面上动态响应幅值条件下,双块式无砟轨道与板式无砟轨道对比见图3-13。

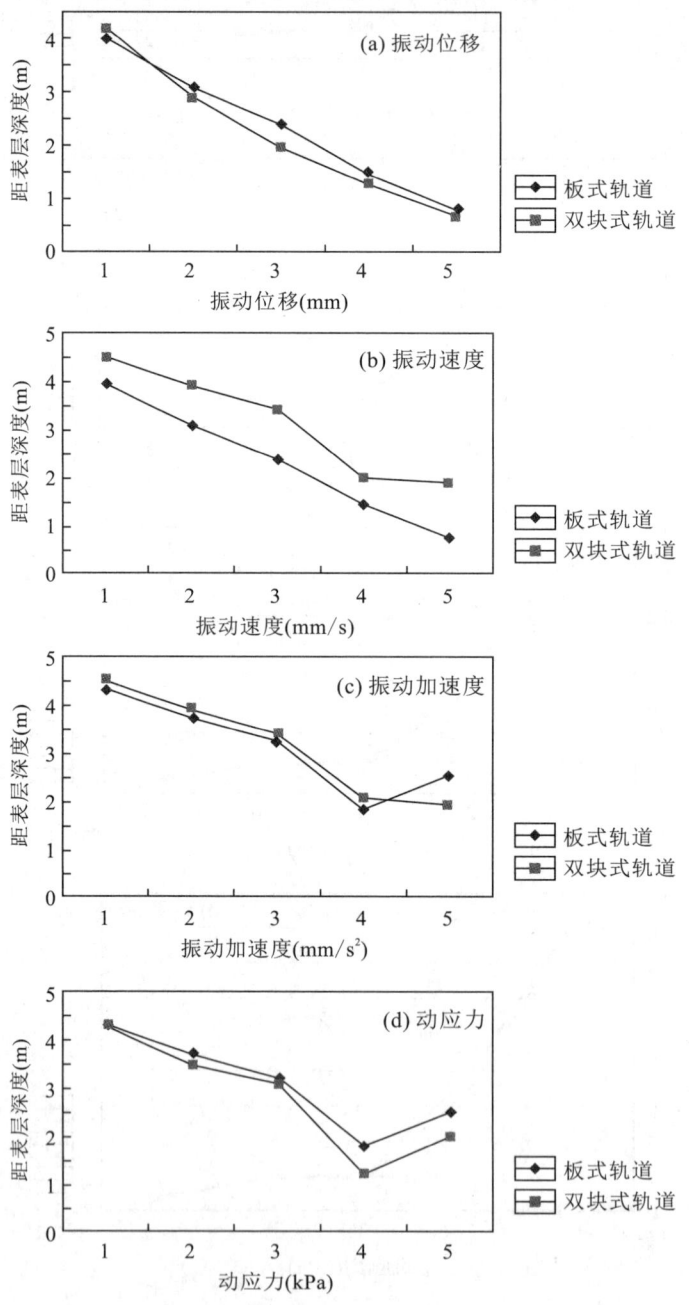

图3-13 动态响应幅值的双块式无砟轨道与板式无砟轨道对比

由图 3-13 可见，在同一断面上，振动位移、速度、加速度的响应幅值双块式无砟轨道大于板式无砟轨道，而动应力响应则与此相反，双块式无砟轨道小于板式无砟轨道。

3.5 引入桩基加固控制过渡段变形的分析

由于过渡段存在很大的变形，可以采用桩基加固过渡段以控制变形，利用结构间的相互运动来消耗和吸收振动能量，因而能够减轻结构的振动（高军和高全臣，2011；闵书亮和刘季，1989）。桩-土-结构在平行结构间安装控制器将各子结构联系起来形成的相互作用来控制振动和变形。

3.5.1 计算模型及运动方程的建立

图 3-14 为一组合桩基结构，单体 1 为桩基结构，单体 2 为刚性地基结构。组合结构体系的振动结构及单体 2 分别简化为两个多自由度体系，而单体 1 的桩土模型采用 Penzien 模型（亓兴军等，2006；Klein 等，1972；邹立华等，2005；Zhu 和 Iemura，2000，2001；Xu 等，1999；李永梅等，2002；邹立华和赵人达，2005）。

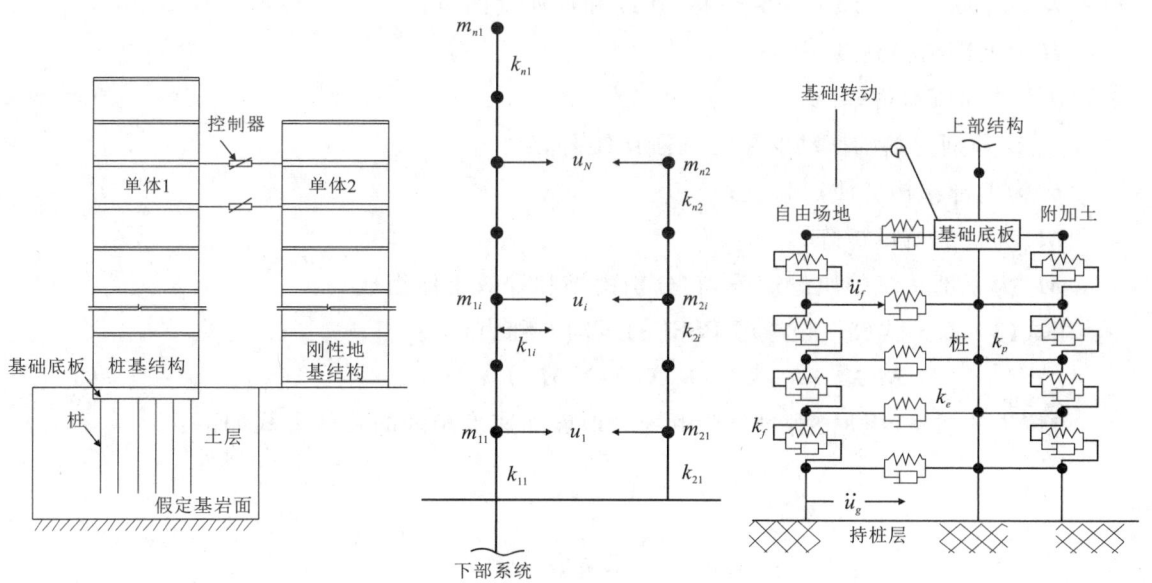

图 3-14 组合桩基结构

假设两单体分别具有 n_1、n_2 个自由度，其中单体 1 的自由度由上部结构平动的自由度（n_u）、结构转动和下部结构运动的自由度（n_d）组成，两单体由 n 个控制器连接起来。则在考虑 PSSI 时建立的组合桩基结构体系的运动方程为：

$$\begin{aligned} \boldsymbol{M}_1 \ddot{\boldsymbol{X}}_1 + \boldsymbol{C}_1 \dot{\boldsymbol{X}}_1 + \boldsymbol{K}_1 \boldsymbol{X}_1 &= -\boldsymbol{M}_{g1} \boldsymbol{I}_1 x_{tg} + \ddot{\boldsymbol{B}}_{s1} \boldsymbol{U} \\ \boldsymbol{M}_2 \ddot{\boldsymbol{X}}_2 + \boldsymbol{C}_2 \dot{\boldsymbol{X}}_2 + \boldsymbol{K}_2 \boldsymbol{X}_2 &= -\boldsymbol{M}_{g2} \boldsymbol{I}_2 x_{tg} - \ddot{\boldsymbol{B}}_{s2} \boldsymbol{U} \end{aligned} \quad (3-1)$$

式中：M_i、C_i、K_i 分别为第 $i(i=1,2)$ 单体的质量、阻尼和刚度矩阵；

X_i、$\dot{X}_i$、$\ddot{X}_i$ 分别为第 i 单体的位移、速度和加速度列向量；

$\dot{x}_{tg}$ 为基底输入地震加速度；

$\ddot{x}_{tg}$ 为自由场的地震加速度；

I_1、I_2 分别为相应的单位列向量；

B_{s1}、B_{s2} 分别为单体 1、单体 2 的控制力 U 的位置矩阵。

如图 3-15(c) 所示，单体 1 的桩土计算模型将土与结构简化为多质点系，为简单起见，将所有的桩并为一根，并在基础底板处加上等效的转动弹簧来代替原来桩基础的抗转动刚度。地下部分桩周土换算成等价的弹簧-质量系统，并刚接于桩的质点上。根据以上假定及图 3-15(c) 的计算模型，可以建立考虑 PSSI 桩基结构的上部结构、基础转动和下部系统地震反应运动方程：

$$M_u\ddot{X}_u + C_u\dot{X}_u + K_uX_u = -M_u\ddot{x}_g - \ddot{M}_uH\theta \qquad (3-2)$$

$$\sum_{i=1}^{un} m_ih_i(\ddot{x}_g + \ddot{x}_i + h_i\ddot{\theta}) + c_\theta\dot{\theta} + k_\theta\theta = 0 \qquad (3-3)$$

$$M_d\ddot{X}_d + C_d\dot{X}_d + K_dX_d = -M_p\ddot{x}_g + M_h\ddot{x}_f + C_h\ddot{X}_f + K_hX_f \qquad (3-4)$$

式中：X_i、$\dot{X}_i$、$\ddot{X}_i(i=u,d)$ 分别为位移、速度和加速度向量；

H 为上部结构高度矩阵；

θ 为基础摆动角；

c_θ、k_θ 分别为基础摆动的阻尼和刚度矩阵；

h_i 为上部结构各质点高度；

M_p 为桩的质量矩阵；

M_d 为下部系统的质量矩阵，它分别由桩和等效土体组成。

由式(3-2)~式(3-4)考虑 PSSI 的运动方程为：

$$M_1\ddot{X}_1 + C_1\dot{X}_1 + K_1X_1 = -M_{g1}I_1\ddot{x}_{tg} \qquad (3-5)$$

单体 1 的质量、阻尼、刚度及自由场的地震加速度矩阵的具体形式如下：

$$M_1 = \begin{bmatrix} m_1 & & & m_1h_1 & & & \\ & \ddots & & \vdots & & & \\ & & m_{un} & m_{un}h_{un} & & & \\ m_1h_1 & \cdots & m_{un}h_{un} & \sum_{i=1}^{un}m_ih_i^2 & & & \\ & & & & m_{e1}+m_{p1} & & \\ & & & & & \ddots & \\ & & & & & & m_{edn}+m_{pdn} \end{bmatrix}$$

$$\boldsymbol{K}_1 = \begin{bmatrix} k_1+k_2 & -k_2 & & & & -k_1 & & & \\ -k_2 & \ddots & -k_{un} & & & & & & \\ & -k_{un} & k_{un} & & & & & & \\ & & & k_\theta & & & & & \\ -k_1 & & & & k_{e1}+k_{p1}+k_1 & -k_{p1} & & \\ & & & & -k_{p1} & \ddots & -k_{pdn} \\ & & & & & -k_{pdn} & k_{edn}+k_{pdn} \end{bmatrix}$$

$$\boldsymbol{C}_1 = \begin{bmatrix} c_1+c_2 & -c_2 & & & & -c_1 & & & \\ -c_2 & \ddots & -c_{un} & & & & & & \\ & -c_{un} & c_{un} & & & & & & \\ & & & \ddots & & & & & \\ -c_1 & & & & c_{e1}+c_{p1}+c_1 & -c_{p1} & & \\ & & & & -c_{p1} & \ddots & -c_{pdn} \\ & & & & & -c_{pdn} & c_{edn}+c_{pdn} \end{bmatrix}$$

$$\boldsymbol{M}_{g1} = \begin{bmatrix} m_1 & & & & & & \\ & \ddots & & & & & \\ & & m_{un} & & & & \\ & & & \sum_{i=1}^{un} m_i h_i & & & \\ & & & & m_{p1} & & \\ & & & & & \ddots & \\ & & & & & & m_{pdn} \end{bmatrix}$$

$$\ddot{x}_{tg} = \begin{cases} \ddot{x}_g, & 1 \leqslant i \leqslant n_1+1 \\ \ddot{x}_g - (m_{ei}\ddot{x}_{fi} + c_{ei}\dot{x}_{fi} + k_{ei}x_{fi})/m_{pi}n_1, & +1 \leqslant i \leqslant n \end{cases}$$

式中：m_{ei}、k_{ei}、c_{ei}、m_{pi}、k_{pi}、c_{pi} 分别为各层附加土和桩的质量、刚度和阻尼。

将方程组写成等效形式：

$$\boldsymbol{M}\ddot{\boldsymbol{X}} + \boldsymbol{C}\dot{\boldsymbol{X}} + \boldsymbol{K}\boldsymbol{X} = -\boldsymbol{M}_g \boldsymbol{I} \ddot{\boldsymbol{X}}_g + \boldsymbol{B}_s \boldsymbol{U} \tag{3-6}$$

其中，

$$\boldsymbol{M} = \begin{bmatrix} \boldsymbol{M}_1 & \\ & \boldsymbol{M}_2 \end{bmatrix}; \boldsymbol{C} = \begin{bmatrix} \boldsymbol{C}_1 & \\ & \boldsymbol{C}_2 \end{bmatrix}; \boldsymbol{K} = \begin{bmatrix} \boldsymbol{K}_1 & \\ & \boldsymbol{K}_2 \end{bmatrix} \tag{3-7}$$

$$\boldsymbol{M}_g = \begin{bmatrix} \boldsymbol{M}_{g1} & \\ & \boldsymbol{M}_2 \end{bmatrix}; \boldsymbol{B} = \begin{bmatrix} \boldsymbol{B}_{s1} & \boldsymbol{B}_{s2} \end{bmatrix}^{\mathrm{T}}; \ddot{\boldsymbol{X}}_g = \begin{bmatrix} \ddot{x}_{tg} + \ddot{x}_g \end{bmatrix}^{\mathrm{T}} \tag{3-8}$$

3.5.2 单位土柱的地震响应

自由场地可取单位土柱的计算模型,假设场地土自上而下分为 S 层,质点集中质量为:

$$m_{fi} = \begin{cases} \dfrac{1}{2}\rho_1 h_{e1}, & i=1 \\ \dfrac{1}{2}(\rho_{i-1} h_{e(i-1)} + \rho_i h_{ei}), & i>1 \end{cases} \quad (3-9)$$

式中:h_{ei} 为第 i 层土的高度;

ρ_i 为 i 层土的密度。

第 i 层土的水平刚度系数为:

$$k_{fi} = \frac{G_i}{h_i} \quad (3-10)$$

式中:G_i 为第 i 层土的剪切模量。

单位土柱的阻尼矩阵 C_f 为:

$$C_f = M_f \alpha_f + K_f \beta_f \quad (3-11)$$

式中:α_f、β_f 可按下式计算:

$$\alpha_f = \begin{bmatrix} \alpha_1 & & \\ & \ddots & \\ & & \alpha_S \end{bmatrix}, \quad \beta_f = \begin{bmatrix} \beta_1 & & \\ & \ddots & \\ & & \beta_S \end{bmatrix}$$

$$\alpha_i = \xi_i \omega_i, \quad \beta_i = \frac{\xi_i}{\omega_i}, \quad \omega_i = \frac{\pi}{2h_i}\sqrt{\frac{G_i}{\rho_i}}$$

式中:$i=1,2,\cdots,S$;

ξ_i 为 i 层土的阻尼比。

则自由场地单位土柱的动力方程为:

$$M_f \ddot{x}_f + C_f \dot{x}_f + K_f x_f = -M_f \ddot{x}_g \quad (3-12)$$

取土的阻尼系数为 0.05,运动方程(3-12)的求解采用 Newmark-β 法。

3.5.3 等效土体质量、刚度及阻尼

桩振动时,桩质点上的振动质量包含桩的质量和桩周参与振动的土的附加质量,附加质量随土振动而变化。实际计算时假定附加土质量是与承台面积相等,厚度按相应层高的土体质量相同,计算公式如下:

$$M_{ei} = \rho A h_i \quad (3-13)$$

式中:ρ 为土的密度;

A 为承台的面积;

h_i 为该层土的层高。

在求解连接桩土-结构体系和自由场地体系的弹簧系数时,采用基于 Mindlin 的土中位移、内力解,分层计算确定水平弹簧系数的办法。为简化起见,一般可用如下近似方法求得:

$$k_e(z) = \frac{8\pi E(z)}{3} \left\{ \sinh^{-1}\frac{L-z}{r} + \sinh^{-1}\frac{L+z}{r} + \right.$$
$$\frac{2}{3r^2}\left[\frac{r^2L - 2r^2z + Lz^2 + z^3}{(r^2+(L+z)^2)^{0.5}} - \frac{-2r^2z + z^3}{(r^2+z^2)^{0.5}}\right] -$$
$$\frac{2}{3}\left[\frac{z-L}{(r^2+(L-z)^2)^{0.5}} - \frac{z}{(r^2+z^2)^{0.5}}\right] +$$
$$\left. \frac{4}{3}\left[\frac{r^2z + Lz^2 + z^3}{(r^2+(L+z)^2)^{1.5}} + \frac{r^2z + z^3}{(r^2+z^2)^{1.5}}\right] \right\}^{-1} \tag{3-14}$$

式中:$k_e(z)$ 为沿深度 z 的弹簧系数;

E 为土的弹性模量;

L 为各段桩长。

水平阻尼系数 C_e 的确定,可考虑 Lysmer 和 Richart 等(1966)提出的方法,用黏性阻尼器模拟波动能量向半无限场地逸散。

$$\left. \begin{aligned} C_{e1} &= 2Bh_1\rho_1(v_{p1} + v_{s1}) \\ C_{ei} &= 2B[h_i\rho_i(v_{pi} + v_{si}) + h_{i+1}\rho_{i+1}(v_{p,i+1} + v_{s,i+1})] \end{aligned} \right\} (i = 2,3,\cdots,n) \tag{3-15}$$

式中:B 为桩的半径;

h_i 为第 i 层土的厚度;

v_p 为纵波(P 波)波速,$v_p = \sqrt{(\lambda + 2G)/\rho}$,$\lambda = \mu E/[(1+\mu)(1-2\mu)]$;

μ 为泊松比;

v_s 为剪切波速。

3.5.4 控制方程的建立与求解

将结构的等效运动方程写成状态方程形式:

$$\dot{\boldsymbol{Z}} = \boldsymbol{AZ} + \boldsymbol{BU} + \boldsymbol{D\ddot{Y}}_g \tag{3-16}$$

式中:$\boldsymbol{Z}$ 为组合结构状态向量;

$\ddot{\boldsymbol{Y}}_g$ 为组合桩基结构考虑场地放大效应的振动加速度矩阵;

$\boldsymbol{A}$、$\boldsymbol{B}$、$\boldsymbol{D}$ 为常系数矩阵:

$$\boldsymbol{A} = \begin{bmatrix} \boldsymbol{0} & \boldsymbol{I} \\ -\boldsymbol{M}^{-1}\boldsymbol{K} & -\boldsymbol{M}^{-1}\boldsymbol{C} \end{bmatrix}$$

$$\boldsymbol{B} = \begin{bmatrix} \boldsymbol{0} \\ -\boldsymbol{M}^{-1}\boldsymbol{B} \end{bmatrix}$$

$$D = \begin{bmatrix} \mathbf{0} \\ -\mathbf{M}^{-1}\mathbf{M}_0 \end{bmatrix}$$

$$\ddot{\mathbf{Y}}_g = \begin{bmatrix} \mathbf{0} \\ \ddot{\mathbf{X}}_g \end{bmatrix}$$

采用经典线性最优控制(LQR),引入线性二次型最优性能指标:

$$J = \frac{1}{2}\Big[\int_0^\infty \mathbf{Z}^{\mathrm{T}}(t)\mathbf{Q}\mathbf{Z}(t) + \mathbf{U}^{\mathrm{T}}(t)\mathbf{R}\mathbf{U}(t)\Big]dt \tag{3-17}$$

式中:Q、R 为权矩阵,是性能指标中结构的响应和控制装置性能的重要反应。

一般来说,Q 越大,受控结构反应越小,控制效果越好;R 越大,则控制输入越小,控制效果越差。因此,当 Q、R 取不同值时,得到的最优控制力也是不同的。

$$\mathbf{Q} = \alpha\begin{bmatrix} \mathbf{K} & \\ & \mathbf{M} \end{bmatrix},\quad \mathbf{R} = \beta \mathbf{I} \tag{3-18}$$

式中:α 和 β 为待定系数,与控制器常数有关,用以调整 Q 和 R 的大小。

线性最优控制的目标是,在满足方程(3-16)的约束前提下,使极值最小。根据极值条件,可求出最优控制力为:

$$\mathbf{U}(t) = -\mathbf{R}^{-1}\mathbf{B}^{\mathrm{T}}\mathbf{P}\mathbf{Z}(t) \tag{3-19}$$

即

$$\mathbf{U}(t) = -\mathbf{G}\mathbf{Z}(t) \tag{3-20}$$

$$\mathbf{G} = \mathbf{R}^{-1}\mathbf{B}^{\mathrm{T}}\mathbf{P} \tag{3-21}$$

式中:G 为最优状态反馈增益矩阵。

P 可通过脱线求解 Riccati 方程得出:

$$-\mathbf{P}\mathbf{A} - \mathbf{A}^{\mathrm{T}}\mathbf{P} + \mathbf{P}\mathbf{B}\mathbf{R}^{-1}\mathbf{B}^{\mathrm{T}}\mathbf{P} - \mathbf{Q} = \mathbf{0} \tag{3-22}$$

3.6 本章小结

(1)对于高速铁路无砟轨道,过渡段设置长度对路基动态响应有较大的影响。为了满足旅客舒适性的要求,考虑到各种极端工况,路涵过渡段设置长度至少15m,路隧过渡段设置长度也至少15m,路桥过渡段设置长度应大于15m,这里过渡段长度均不包括倒梯形短边长度。

(2)对于客运专线无砟轨道,构筑物之间的距离对路基动态响应有较大的影响。在基底不存在差异变形的条件下,涵涵间路基长小于45m时,或桥桥过渡段最短距离小于60m时,或隧隧间距小于55m时,会产生动态响应叠加,如果构筑物间的路基刚度过低时,按单一的过渡段结构形式设计,动态响应叠加会导致轨面动力不平顺,在列车时速350km/h 运行条件下,车辆质心竖向加速度将大于 $1m/s^2$,不满足旅客舒适性的要求,需采用级配碎石掺水泥填筑来进一步提高路基的刚度。涵涵间路基长小于45m时,或桥桥过渡段最短距离小于60m时,路基刚度不应低于140kN/mm;隧隧间距小于55m时,路基刚度不应低于150kN/mm，采用级配碎石掺5%水泥来填筑，可使车辆质心竖向加速度小于$1m/s^2$，能满足旅客舒适性的要求。

(3)过渡段的动态响应对填料的弹性模量改变最敏感。路基的振动位移、振动速度、振动加速度幅值随材料参数的减少而增大，而动应力幅值随参数的减少而减少。填料材料弹性模量减少50%，振动位移就增加41.7%，振动速度就增加54.6%，振动加速度就增加16.7%，竖向动应力就增加8.7%。这说明填料材料弹性模量改变对路基振动速度影响最大，振动位移次之，振动加速度较少，动应力影响最小。

(4)当采用组合桩基结构主动控制过渡段变形时，考虑PSSI较之不考虑PSSI时，桩基结构位移及加速度峰值都有所增大，刚性地基结构位移峰值有所增大，而加速度峰值有较大降低，控制力时程有所增大，所以不考虑PSSI对桩基结构本身是不利的。

第四章　过渡段路基的动力响应试验分析

> 本章研究了高速铁路无砟轨道过渡段的动力学特性,检验了试验段路桥过渡段、路涵过渡段、隧隧过渡段工程处理措施的有效性,采用两种车型120次高速行车条件下的动力学测试,通过试验分析得出:车辆轴重对三种过渡段的动应力影响十分显著,对三种过渡段的振动速度影响不明显,但对涵洞中心处的振动速度影响显著;三种过渡段路基的动压应力、加速度、振动速度、动位移均沿路基深度衰减明显。三种过渡段所采用的过渡段形式以及用级配碎石+5%水泥做填料的过渡段路基填筑的质量满足设计和运营要求。

4.1　现场试验工点动测目的及选取区段

1. 动测目的

武广高铁沿线因交通、灌溉或排水需要,设置于路基地段的涵洞密集度较大,加之地形起伏大,路堤与路堑过渡段多,导致过渡段密集度更大。这些不同类型过渡段的静力、动力特性和变形特性如何?是否合理、合适?变形控制是否得当?为解决上述问题,通过武广正线上过渡段的相关沉降变形、动态测试,掌握过渡段的沉降变形特性及动态特性。试验目的如下:

(1)测试评价过渡段路基的工作状态和长期安全稳定性。

(2)完善和丰富现有的过渡段设计理论,验证计算机仿真模型,提升理论分析水平。

(3)验收优化武广高铁无砟轨道过渡段路基的设计理论与设计措施。

2. 选取区段

现场选取路涵、路桥、隧隧3种类型的过渡段路基进行检测试验研究,具体区段如表4-1所示。

表4-1 试验区段表

工 点	位 置	主要研究内容
DK1252+679～DK1252+731	武汉综合试验段	路涵间短路基过渡段动态特性测试
DK1252+840～DK1252+888.27	武汉综合试验段	路桥过渡段动态特性测试
DK1838+980～DK1839+026	郴 州	隧隧间高填方过渡段路基动态特性测试

DK1252+679～DK1252+731涵涵间短路基过渡段动态特性测试基本情况见表4-2。

表4-2 涵涵间短路基过渡段测试基本情况

试验区段	长度(m)	地形地貌及地质条件	地基处理措施	动态测试	备 注
DK1252+679～DK1252+731	52	垄岗坡脚平坦处，表层为Q_{2+3}粉质黏土，硬塑，厚3～6m。下伏J_3泥质粉砂岩，全风化层厚2～3m，下为强—弱风化	CFG桩加固	在每个涵洞中心、涵洞侧壁以外1m、级配碎石+5%水泥坡脚各布设1个动测断面，其余地段每8m左右设1个动测断面，共10个	①DK1252+679框架涵，净高2.5m，孔径2.0m ②DK1252+731框架涵，净高2.7m，孔径2.0m ③路基填高3m左右

4.2 现场动态测试及试验方法

4.2.1 现场动态测试情况

第一次：武汉至咸宁实车动态测试

试验区段：武汉起点DK1213至咸宁DK1278，全长65km。

试验行车：试验采用CRH2-068C动车组（图4-1）。动车组共8节车厢，其中两头车厢为拖车，中间6节车厢为动车，即6+2模式。列车轴重不大于14t，转向架轮径为860/790mm，转向架固定轴距为2500mm，编组长度204.9m，重345t，列车的最高运行速度350km/h，最高试验速度达380km/h。

行车次数：试验速度共18个挡次，在保证安全的前提下，逐级提高。其中，第一趟通过试验时，速度为5km/h，供地面测点进行标准静态标定。检测列车车速160km/h在左线下行往北3次，右线上行往南7次、往北2次，共12次。动车组共83次，具体运行情况见表4-3。

图 4-1 现场测试动车 CRH2-068C

表 4-3 速度挡与次数的关系

列车类型	速度档 (km/h)	左线				右线				总次数
		上行		下行		上行		下行		
		南	北	南	北	南	北	南	北	
检测列车	160				3	7	2			12
动车组 (83次)	5			1						1
	180				1	1				2
	200			3	2	1	1			7
	220			2	1					3
	230	1		1						2
	240			2	1	1	1			5
	250			4	4					8
	260				4					4
	270			2	1	1				4
	280			3	3		1			7
	290			1		1				2
	300			4		1				5
	310			1	1	1				3
	320			2	1		2			5
	330			3	3	2				8
	340			1	1		2			4
	350			5	5	1	1			12
	360				2					2

注：根据测试波形，所计算的列车速度与试验期间所报列车速度略有出入，分析报告中所采用列车速度是根据测试波形所计算的列车速度。

第二次：郴州工点（隧隧过渡段）现场实车动态测试。

试验区段：武广客运专线进行长沙—郴州段联调联试区间。

试验行车：同第一次。

行车次数：由于本次试验条件受限，试验速度挡仅限于7个挡次。具体运行情况见表4-4。

表4-4 速度档与次数的关系

列车类型	速度挡(km/h)	左线 上行 南	左线 上行 北	左线 下行 南	左线 下行 北	右线 上行 南	右线 上行 北	右线 下行 南	右线 下行 北	总次数
检测列车	100	3	1				1	3		8
动车组（17次）	80		1							1
	120						1			1
	280						1			1
	300		2	1			4	3		10
	320	1						1		2
	330							1		1
	350	1	1							2

注：根据测试波形，所计算的列车速度与试验期间所报列车速度略有出入，分析报告中所采用列车速度是根据测试波形所计算的列车速度。

4.2.2 试验方法

当CRH2-068C动车组往返地运行在武广客运专线的武汉—咸宁综合试验段时，利用动测仪器实时地采集安置在轨道板上或预埋在路基中测试元件的动态响应信号，经过电荷放大器将信号放大，并运用一些专门的分析软件对采集的数据进行分析和处理，进而实现试验研究的目标。

(1)动应力测试：采用应变式土压力传感器，通过动态应变仪将信号放大，由数据采集与处理系统进行记录和分析处理。

(2)振动加速度测试：采用压电加速度传感器，经电荷放大器将信号放大，由数据采集与处理系统进行记录和分析处理。

(3)振动速度测试：采用速度拾振器，由数据采集与处理系统进行记录和分析处理。

(4)测试系统：现场测试采用自动触发记录方式，利用动态应变仪、拾振器放大器、加速度联能放大器、数据采集仪、德国IMC采集仪等动测仪器，以及DASP动测软件及IMC动测软件，通过远程终端控制系统的动作并监测系统的工作状态。

4.3 路桥过渡段动态响应测试及分析

1. 主要测试成果

路桥过渡段测试成果参数见表4-5。

表4-5 路桥过渡段主要测试成果参数

位 置	参 数	幅值范围	95%上置信限值
轨道板	加速度幅值(m/s^2)	48.308~111.707	96.934
	振动速度幅值(mm/s)	1.002~22.335	6.889
	动位移幅值(mm)	0.006~0.195	0.040
沥青混凝土层	加速度幅值(m/s^2)	2.140~23.241	7.785
	振动速度幅值(mm/s)	0.489~8.504	3.861
	动位移幅值(mm)	0.002~0.182	0.079
基床表层顶面	动应力幅值(kPa)	1.170~17.690	16.097
	加速度幅值(m/s^2)	0.267~8.153	4.790
	振动速度幅值(mm/s)	1.971~9.644	5.613
	动位移幅值(mm)	0.009~0.138	0.069
基床表层底面	动应力幅值(kPa)	0.810~15.761	14.910
	加速度幅值(m/s^2)	0.127~5.856	3.153
	振动速度幅值(mm/s)	1.024~9.203	5.110
	动位移幅值(mm)	0.011~0.135	0.060

2. 动应力响应分析

在行车速度为200~350km/h运行条件下,基床表层顶面动应力的最大95%上置信限为16.097kPa,最大99%上置信限为17.580kPa,出现在离桥台12m处;基床表层底面动应力的最大95%上置信限为14.910kPa,最大99%上置信限为16.914kPa,出现在离桥台33m处。

在行车速度为200~350km/h运行条件下,在基床表层,动压应力在距离桥台台尾13m处为峰值。

在武汉台尾处,动压应力随列车速度增加而增加;在过渡段及普通路基处,动压应力随列车行驶速度变化曲线近似直线,说明列车行驶速度对动应力影响并不是很大,只有在距离武汉桥台 13.27m 时,列车速度最为敏感,车速为 260km/h 时,动压应力响应值最小,随后又随着车速的增加而增加,趋势非常缓慢。

列车轴重由较轻的动车组提高到较重的轨检车时,动应力响应值增加一倍左右;而当动车组车速由 200km/h 增加到 350km/h 时,动应力响应幅值增加了 71.07%。这说明各测点的动应力幅值受轴重的影响十分显著。

列车行驶方向对路桥过渡段基床表层顶面的影响很大,在距离桥台台尾 12m 处非常明显,列车下行的动应力幅值比列车上行的动应力幅值增加了 403%。这说明列车驶向对路桥过渡段动应力幅值的影响非常大。

3. 动加速度响应分析

左线行车时,行车速度在 200～350km/h,左线轨道板加速度幅值为 0.698～111.707m/s^2,均值在 95.401m/s^2;沥青混凝土层加速度幅值为 0.140～23.241m/s^2,均值在 7.48m/s^2;基床表层顶面加速度幅值为 0.267～8.153m/s^2,均值在 4.606m/s^2;基床表层底面加速度幅值为 0.127～5.856m/s^2,均值在 2.996m/s^2。右线行车时,行车速度在 200～350km/h,右线基床表层顶面加速度幅值为 0.709～7.221m/s^2,均值在 3.413m/s^2;基床表层底面加速度幅值为 0.180～2.528m/s^2,均值在 0.648m/s^2。

不同车速下加速度幅值沿路桥过渡段纵向的变化规律基本一致,均在距武汉台尾 19～25m 的范围内达到一个峰值。

加速度幅值均随着行车速度增长而增大,但行车速度对各个路桥过渡段结构层面加速度幅值的影响明显呈现"上大下小"的趋势,轨道板的加速度影响因子为 0.254～0.312,而沥青混凝土层的影响因子为 0.007～0.029,在基床表层的影响因子为 0.000 2～0.009 7。这说明行车速度对轨道板加速度的影响较明显,而对基床面及以下部分的加速度则影响甚微。

加速度幅值随路基深度的衰减趋势十分明显,从基床表层顶面到基床底面,加速度衰减系数达到 0.250～0.674。

在同等行车速度状况下,轴重较大的轨检车通行时各测点的加速度幅值比轴重较小的动车组通行时增加 50% 以上,说明轴重对各测点的加速度影响显著。

在行车速度一致的情况下,列车行驶方向对各测点的加速度幅值影响并不明显,差值在 1.26%～15% 之间,且绝大部分差值在 10% 以内。

邻线行车对本线各测点加速度的影响主要表现为下层影响较大,上层影响较小,对同一车速,邻线行车时轨道板加速度幅值仅为本线行车的 1/40,而沥青混凝土层则为 1/4,基床表层则达到了将近一半。

4. 振动速度响应分析

在左线行车状况下,左线振动速度幅值最值出现在轨道板上,其幅值为 1.002～

22.335mm/s，95％上置信限值为 6.889mm/s；沥青混凝土层振动速度幅值为 0.489～8.504mm/s，95％上置信限值为 3.861mm/s；基床表层顶面振动速度幅值为 1.971～9.644mm/s，95％上置信限值为 5.613mm/s；基床表层底面振动速度幅值为 1.024～9.203mm/s，95％上置信限值为 5.110mm/s。

右线动车组通行时，右线基床表层顶面振动速度幅值为 1.270～23.354mm/s，95％上置信限值为 8.137mm/s；基床表层底面振动速度幅值为 2.845～8.107mm/s，95％上置信限值为 5.032mm/s。

不同车速下振动速度幅值沿路桥过渡段纵向的变化规律基本一致，均在距武汉台尾 19～25m 的范围内达到一个峰值。

振动速度幅值均随着行车速度增长而增大，但行车速度对各个层面振动速度幅值的影响明显呈现"上大下小"的趋势，轨道板的振动速度影响因子为 0.008 83～0.040 11，而沥青混凝土层则为 0.001 03～0.006 88，在基床表层则仅为 0.002 55～0.004 98。这说明行车速度对轨道板振动速度的影响较明显，而对路基面及以下部分的振动速度则影响甚微。

路桥过渡段各个测点振动速度沿路基深度的衰减趋势不完全相同，振动速度衰减系数在 0.364～0.973 之间。

在同等行车速度状况下，轴重较大的轨检车通行时各测点的振动速度幅值比轴重较小的动车组通行时增加 20％～26％以上，说明轴重对各测点的振动速度影响较明显。

在行车速度基本一致的情况下，列车驶向对振动幅值的影响并不明显，振动速度均值的差异绝大部分在 15％以下，说明列车驶向对振动速度幅值的影响基本可以忽略。

邻线行车时，本线轨道板振动速度幅值为本线通车时的 25.8％，沥青混凝土层为本线通车时 42.6％，基床表层顶面为本线通车时的 42.1％，基床表层底面为本线通车时的 36.0％。

5. 动位移响应分析

CHR2 动车组在 160～350km/h 速度条件下，路桥过渡段各测点的动位移幅值不存在显著性差异，左线轨道板动位移幅值为 0.006～0.195mm，95％上置信限值为 0.040mm；沥青混凝土层动位移幅值为 0.002～0.182mm，95％上置信限值为 0.079mm；基床表层顶面动位移幅值为 0.009～0.138mm，95％上置信限值为 0.069mm；基床表层底面动位移幅值为 0.011～0.135mm，95％上置信限值为 0.060mm。右线基床表层顶面动位移幅值为 0.001～0.038mm，95％上置信限值为 0.011mm；基床表层底面动位移幅值为 0.002～0.025mm，95％上置信限值为 0.013mm。

不同车速下竖向动位移幅值沿路桥过渡段纵向的变化规律基本一致，均在距武汉台尾 19～25m 的范围内达到一个峰值。

竖向动位移的速度影响因子在 0.000 01～0.000 38 之间，说明列车行驶速度对动位移的影响甚小。

在同等行车速度状况下,轴重较大的轨检车通行时各测点的竖向动位移幅值比轴重较小的动车组通行时增加 20% 以上,说明轴重对各测点的竖向动位移影响较明显。

在行车速度基本一致的情况下,列车驶向对竖向动位移幅值的影响并不明显,除 DK1252+855 基床表层测点竖向动位移幅值差异达到 49% 外,其余差异在 1%~15% 之间,且大部分差异在 10% 以内。

邻线行车对本线竖向动位移的影响均较小,轨道板竖向动位移幅值为本线通车时的 1/5,沥青混凝土层则为 1/9,基床表层顶面和基床表层底面分别为本线行车竖向动位移幅值的 1/3 和 1/8。

4.4 隧隧过渡段动态响应测试及分析

1. 主要测试成果

隧隧过渡段主要测试成果见表 4-6。

表 4-6 隧隧过渡段主要测试成果参数

位 置	参 数	幅值范围	95% 上置信限值
轨道板	加速度幅值（m/s²）	58.875~123.511	97.539
	动位移幅值（mm）	0.010~0.240	0.152
沥青混凝土层	加速度幅值（m/s²）	0.012~1.691	0.523
	动位移幅值（mm）	0.0001~0.646	0.144
基床表层顶面	动应力幅值（kPa）	1.200~14.410	12.750
	加速度幅值（m/s²）	0.278~13.774	3.753
	振动速度幅值（mm/s）	0.007~10.418	0.959
	动位移幅值（mm）	0.0003~0.163	0.063
基床表层底面	动应力幅值（kPa）	2.890~22.880	14.970
	加速度幅值（m/s²）	0.122~7.136	2.437
	振动速度幅值（mm/s）	0.010~3.346	0.815
	动位移幅值（mm）	0.00002~0.162	0.036

2. 动应力响应分析

在轨检车和 CRH2 行车速度为 100~350km/h 运行条件下,隧隧过渡段基床表层顶面的动应力幅值为 1.200～14.410kPa,最大应力为 14.41kPa,其次为 9.31kPa;基床表层底面的动应力幅值在 2.890～22.880kPa,最大应力为 22.88kPa,在距离艾家冲隧道 10m 处,其次在距离杨梅头隧道 7m 处基床底层应力值也比较大。

当 CRH2 的行车速度为 100～350km/h 运行条件下,隧隧过渡段在基床表层顶面上,动应力幅值在距离艾家冲隧道 10m 处、涵洞中心侧,杨梅头隧道与涵洞中心之间出现较高值。

在本线通行时,基床表层顶面各处的动土压力规律是:轨下的响应值要明显高于支撑板边缘处的,而邻线行车时,距离最近的支撑板内缘处动土压力响应值最大,而随着距离的增加,动土压力响应出现明显衰减。

浅层内动应力幅值随深度增加而增加,当深度达到 0.4m 左右时,幅值最大;此后随着深度的增加,动应力幅值急速下降。

列车速度在 280～300km/h 时,列车动压应力最大;此后随着列车速度增大,动压应力反而减小。

无论是基床表层顶面,还是基床表层底面,上行线的动应力响应均要大于下行线的动应力响应,在两个隧道附近较明显,分别达到 42.18%、25.81%。在距离艾家冲隧道 10m 处和距离杨梅头隧道 7m 处,下行线的动应力响应均要大于上行线的动应力响应,分别达到 9.7%、16.45%。然而在其他地方的差异均在 10% 以内,说明列车驶向对动应力幅值的影响主要在隧道口和隧道口与涵洞中心之间。

当列车轴重由动车组的 14t 提高到轨检车的 25t 时,基床表层顶面动应力幅值最大增加了 213.66%,基床底层动应力幅值最大增加了 133.08%;而列车速度达 300km/h 时,轨检车通过时基床表层底面的动土压力与 CRH2 通过时相当。这说明随着路基深度的增加,列车轴重对路基动土压力的影响减小。

3. 动加速度响应分析

在左线行车状况下,左线基床表层顶面竖向振动加速度幅值为 0.278～13.774mm/s^2,95% 上置信限值为 3.753mm/s^2;基床表层底面竖向振动加速度幅值为 0.122～7.136mm/s^2,95% 上置信限值为 2.437mm/s^2;沥青混凝土层竖向振动加速度幅值为 0.012～1.691mm/s^2,95% 上置信限值为 0.523mm/s^2,轨道板竖向振动加速度幅值为 53.875～123.511mm/s^2,95% 上置信限值为 97.539mm/s^2。

在右线行车状况下,右线基床表层顶面竖向振动加速度幅值为 0.057～4.726mm/s^2,95% 上置信限值为 0.945mm/s^2;基床表层底面竖向振动加速度幅值为 0.010～3.791mm/s^2,95% 上置信限值为 0.635mm/s^2;沥青混凝土层竖向振动加速度幅值为 0.001～0.728mm/s^2,95% 上置信限值为 0.139mm/s^2;轨道板竖向振动加速度幅值为 0.193～2.684mm/s^2,95% 上置信限值为 1.288mm/s^2。

不同列车行驶速度下,竖向振动加速度幅值沿隧隧过渡段纵向的变化规律基本一致。隧隧过渡段基床表层顶面和底面均在 DK1838+990 和 DK1839+019 两个断面出现竖向振动加速度的峰值,两个断面分别距离艾家冲隧道口10m和杨梅头隧道口7m,此两处出现加速度的峰值可能源于隧道和路基的刚度差异。对于沥青混凝土层,加速度峰值出现在DK1839+005断面,此断面在涵洞附近,可能受涵洞影响出现较高值。对于轨道板,加速度峰值在DK1838+998.8和DK1839+005断面出现较高值,DK1838+998.8处为涵洞,可能由于涵洞与路基刚度的差异导致这两个断面的值较高。

对于路基断面横向,在本线通行时,基床表层顶面各处的竖向振动加速度规律是轨下的响应值要明显高于支撑板边缘处以及本线中心的;邻线行车时,距离邻线最近的支撑板内缘处竖向振动加速度响应值最大,而随着距离的增加,竖向振动加速度响应出现明显衰减。

从整体趋势而言,竖向振动加速度幅值都是随着车速的提高而增大,仅增长幅度和趋势在不同的位置呈现出不同的规律。

隧隧过渡段各个测点竖向振动加速度沿路基深度的增加衰减,尤其在基床底层表面以下衰减得尤为迅速;且车速越大,衰减越明显。基床底层表面以下2.3m处竖向振动加速度仅为基床表层顶面的1/10左右。涵洞顶断面位置的基床底层表面以下4.3m处,竖向振动加速度幅值不到0.1 mm/s^2,基本接近于0。

当列车由轴重较轻的动车组换成轴重较大的轨检车,对于相近行驶车速,各个测点的竖向振动加速度幅值增长不是很明显。而行车速度对竖向振动加速度幅值的影响比轴重的影响更显著。

总体而言,在行车速度基本一致的前提下,列车驶向对竖向振动加速度幅值的影响并不明显。相同位置不同列车行驶方向下竖向振动加速度均值的差异:基床表层顶面为12.6%~43.8%、基床底层表面为17.126%~41.7%、沥青混凝土层为0.2%~28.5%、轨道板为0.5%~13.8%。可见,列车行驶方向对竖向振动加速度幅值的影响不明显。

邻线行车时,基床表层顶面竖向振动加速度幅值为本线行车时的25.2%,基床底层表面竖向振动加速度幅值为本线行车时的24.6%,基床沥青混凝土层竖向振动加速度幅值为本线行车时的26.5%,轨道板竖向振动加速度幅值仅为本线行车时的1.2%。

4. 振动速度响应分析

在左线行车状况下,基床表层顶面振动速度幅值为0.007~10.418mm/s,95%上置信限值为0.959mm/s;基床表层底面振动速度幅值为0.010~3.346mm/s,95%上置信限值为0.815mm/s;基床底层表面下2.3m振动速度幅值为0.001~0.319mm/s,95%上置信限值为0.136 mm/s;基床底层底面振动速度幅值为0.006~0.111mm/s,95%上置信限值为0.064mm/s。

右线动车组通行时,基床表层顶面振动速度幅值为0.000 4~2.684mm/s,95%上置信限值为0.236mm/s;基床表层底面振动速度幅值为0.000 6~1.239mm/s,95%上置信限值为0.174mm/s;基床底层表面下2.3m振动速度幅值为0.000 5~0.060mm/s,95%上置信限值为0.030mm/s;基床底层底面振动速度幅值为0.000 7~0.017mm/s,95%上置信限值为 0.011mm/s。

不同速度下振动速度幅值沿隧隧过渡段纵向的变化规律基本一致,均在 DK1838+990 和 DK1839+019 两个断面比较一致地出现振动速度的峰值。

隧隧过渡段各个测点振动速度幅值整体上均随着行车速度增大而增大,但随车速增加振动速度幅值的增长幅度不是很明显,说明行车速度对路基的振动速度影响甚微。

在本线通行时,基床表层顶面各处的振动速度规律是:轨下的响应值要明显高于支撑板边缘处的;而邻线行车时,距离最近的支撑板内缘处振动速度响应值最大,而随着距离的增加,振动速度响应出现明显衰减。

隧隧过渡段各个测点振动速度沿路基深度的增加迅速衰减,到基床底层表面以下 2.3m 处,振动速度仅为基床表层顶面的 1/100～1/10,而到基床底层表面以下 4.3m 处,振动速度幅值基本在 0.1mm/s 以下,基本可以忽略了。

当列车由轴重较轻的动车组换成轴重较大的轨检车,对于同一行驶车速,各个测点的振动速度幅值增长均不是很明显,这说明车辆轴重对振动速度的影响不是很显著。

在行车速度基本一致的情况下,列车驶向对振动幅值的影响并不明显,振动均值的差异绝大部分在 15% 以下,说明列车驶向对振动速度幅值的影响基本可以忽略。

邻线行车时,本线基床表层顶面振动速度幅值为本线通车时的 31.5%,基床表层底面为本线通车时的 36.3%,基床底层表面以下 2.3m 处为本线通车时的 30.2%,基床底层表面以下 4.3m 处为本线通车时的 19.0%。

5. 动位移响应分析

在左线行车时,隧隧过渡段轨道板动位移幅值为 0.01～0.240mm,95% 上置信限值为 0.152mm;沥青混凝土层动位移幅值为 0.0001～0.646mm,95% 上置信限值为 0.144mm;基床表层顶面动位移幅值为 0.0003～0.163mm,95% 上置信限值为 0.063mm;基床表层底面动位移幅值范围为 0.00002～0.162mm,95% 上置信限值为 0.036mm。

右线行车时,隧隧过渡段轨道板动位移幅值为 0.0001～0.003mm,95% 上置信限值为 0.0009mm;沥青混凝土层动位移幅值为 0.00004～0.170mm,95% 上置信限值为 0.015mm;基床表层顶面动位移幅值为 0.0002～0.045mm,95% 上置信限值为 0.015mm;基床表层底面动位移幅值为 0.00001～0.090mm,95% 上置信限值为 0.012mm。

当列车通过时,在 DK1838+990 和 DK1839+019 两个断面处均出现较高的值,分别距离艾家冲隧道 10m 和距杨梅头隧道 7m。

隧隧过渡段各个测点动位移沿路基深度的增加而衰减。

在本线通行时,基床表层顶面各处的动位移变化规律是:轨下的响应值要明显高于支撑板边缘处的;而邻线行车时,距离最近的支撑板内缘处动位移响应值最大,而随着距离的增加,动位移响应出现明显衰减。

在行车速度基本一致的情况下,列车驶向对振动幅值的影响并不明显,动位移均值的差异绝大部分在 15% 以下,说明列车驶向对振动速度幅值的影响基本可以忽略。

当列车由轴重较轻的动车组换成轴重较大的轨检车,轨检车的动位移均值小于动车组的动位移均值。

邻线行车时,本线轨道板动位移幅值差别较大,沥青混凝土层为本线通车时的 18%,基床表层顶面处为本线通车时的 34%;随着深度的增加,其差别越小。

4.5 本章小结

(1)车辆轴重对三种过渡段的动应力影响十分显著,而对振动速度影响不明显,仅对涵洞中心处的振动速度影响显著。车辆轴重是过渡段路基(动力)设计的控制条件。在加速度和动位移方面,轴重对路桥过渡段和涵涵过渡段的影响比隧隧过渡段明显,主要因为隧隧过渡段全段路基基床底层和基床表层全部采用级配碎石+5%水泥填筑,刚性比路桥过渡段和涵涵过渡段好。

(2)在过渡段,动压应力和动位移随列车行驶速度变化曲线呈近似直线,列车行驶速度对动应力和动位移影响并不是很大;在隧隧过渡段,动压应力随列车速度增大而减小,动位移随列车速度增大而增大,但两者随速度变化幅度不大。三种过渡段的加速度和振动速度幅值均随着行车速度的增长而增大,但行车速度对各个层面加速度幅值的影响明显呈现"上大下小"的趋势,行车速度对轨道板加速度、振动速度的影响较明显,而对路基面及以下部分的加速度、振动速度则影响甚微。

(3)三种过渡段的邻线行车对本线各测点加速度、振动速度和动位移的影响主要表现为下层影响较大,上层影响较小,即呈现"下大上小"的趋势。

第五章 不同结构无砟轨道过渡段动力性能数值分析

> 本章结合不同路基形式和轨道结构形式（Rheda 2000、CRTS I 型板式、CRTS I 型双块式、CRTS II 型板式和道岔区轨枕埋入式），共选取 8 个路基测试断面，其中高路堤 4 处、路堑 3 处、道岔区路基 1 处，分别测试路基基床动应力、动变形和振动加速度，对比分析其分布规律，测试列车运行时基床动变形，分析过渡段动变形沿纵向的均匀性，评价其过渡效果。最终得出了基床表层顶面及表层底面的动应力，分析动应力沿深度及横向分布规律；基床表层顶面的动变形；基床表层顶面、表层底面、基床底面和地基中的振动加速度，分析加速度沿深度及线路横向的衰减规律，以及路桥、路涵过渡段沿线路纵向的动变形变化规律。

5.1 试验目的、内容和评判标准

1. 试验目的

路基作为无砟轨道基础，要保证列车高速运行，其动力性能必须满足自身稳定以及无砟轨道结构要求（李献民和常鹏波，2009；梁波等，1999）。通过武广客运专线武汉综合试验段路基与过渡段动力性能测试，针对试验段不同类型无砟轨道及路基结构，对比分析基床的动应力、动变形及振动特性，评价试验段路基及过渡段与无砟轨道结构的适应性（赵玉和黄琳，2005；刘道前，2009；高军和许国平，2008）。

2. 试验内容

路基结构有路堤和路堑，路堤的填高一般 3~6m，最大填高 8.5m；路堑的挖深一般 5~12m，最大边坡高约 19m。基床由表层和底层组成，基床表层采用 0.4m 厚的级配碎石填筑，基床底层厚度 2.3m，采用 A 组、B 组填料进行填筑。基床以下路基填料主要为利用硬质岩石路堑挖方物理改良 A 组、B 组填料和路堑取土改良。试验段路基过渡段的形式主要有路桥过渡段、路堤与横向结构物（立交框构、箱涵）过渡段。

第五章　不同结构无砟轨道过渡段动力性能数值分析

试验段范围铺设了5种无砟轨道的结构形式，即Rheda 2000、CRTSⅠ型板式、CRTSⅠ型双块式、CRTSⅡ型板式和岔区轨枕埋入式，结合不同的路基形式和轨道结构形式，共选取8个路基的测试断面，其中高路堤4处、路堑3处、道岔区路基1处，分别测试路基基床动应力、动变形和振动加速度，对比分析其分布规律。

路桥过渡段采取二次的过渡方式，依据过渡段结构形式和上部轨道结构形式共选取4个路桥（涵）的测试断面，其中路桥过渡段3处、路涵过渡段1处。从桥台（涵洞）位置沿线路纵向一定的距离布置位移计，测试列车运行时的基床动变形，分析过渡段动变形沿纵向的均匀性，评价其过渡的效果。

主要测试内容如下。

（1）基床表层顶面、表层底面动应力，分析动应力沿深度及横向分布的规律。

（2）基床表层顶面动变形。

（3）基床表层顶面、表层底面、基床底面、地基中振动加速度，分析加速度沿深度及线路横向衰减规律。

（4）路桥、路涵过渡段沿线路纵向的动变形变化规律。

（5）道岔区路基基床振动加速度。

路基测试工点见表5-1。

表5-1　路基试验工点

序号	里程	结构形式	测点轨道类型描述
1	K1243+590	路堤	CRTSⅠ型板式
2	K1243+993	路堑	CRTSⅠ型板式
3	K1241+465	路堤	CRTSⅠ型双块式
4	K1241+415	路堑	CRTSⅠ型双块式
5	K1252+550	路堤	CRTSⅡ型板式
6	K1235+992	路堑	轨枕埋入式
7	K1234+670	路堤	Rheda 2000
8	K1234+820	路堑	Rheda 2000
9	K1244+630	路桥过渡段	CRTSⅠ型板式
10	K1241+890	路桥过渡段	CRTSⅠ型双块式
11	K1235+220	路桥过渡段	Rheda 2000
12	K1251+490	路涵过渡段	CRTSⅠ型板式

3. 评判标准

当地基土体最大剪应变小于临界体积效应剪应变时，路基基床将不出现累积变形。临界体积效应剪应变参考 Vucetic 汇总的资料，对于武广客运专线武汉试验段采用的填料约为 0.01%。针对试验段轨道结构、路基形式及相应填料，结合实测数据，通过数值分析，得出各测试断面动应力、动变形限值（表 5-2）。

表 5-2 路基基床动应力、动变形限值评判标准

路基形式	轨道结构形式	基床表层顶面动应力限值(kPa)	支承层(底座)外侧动变形限值(mm)	备注
路堤	Rheda 2000	32.1	0.219	控制路基剪应变不超过 0.01%
路堑		32.5	0.217	
路桥过渡段		32.3	0.216	
路堤	CRTS Ⅰ 型板式	33.7	0.225	
路堑		33.1	0.223	
路桥过渡段		33.7	0.217	
路涵过渡段		32.5	0.222	

5.2 试验方法及测点布置

1. 试验方法

动应力的测试：应变式土压力传感＋动态应变仪＋数据采集与处理系统（工程地质手册编写委员会，1992）。

动变形的测试：电涡流位移计＋数据采集与处理系统（王钟琦，1986）。

振动加速度的测试：磁电式振动加速度测量计＋数据采集＋处理系统。

测试系统及试验流程见图 5-1 所示。

2. 测点布置

(1) 试验选取了 4 个典型路基断面，分别对应 Rheda 2000、CRTS Ⅰ 型板式、CRTS Ⅰ 型双块式轨道结构的测点位置（图 5-2）。

路堤压力传感器的布置如图 5-3 所示，测试钢轨下基床表层和表层底面动应力幅值及分布规律。

第五章 不同结构无砟轨道过渡段动力性能数值分析

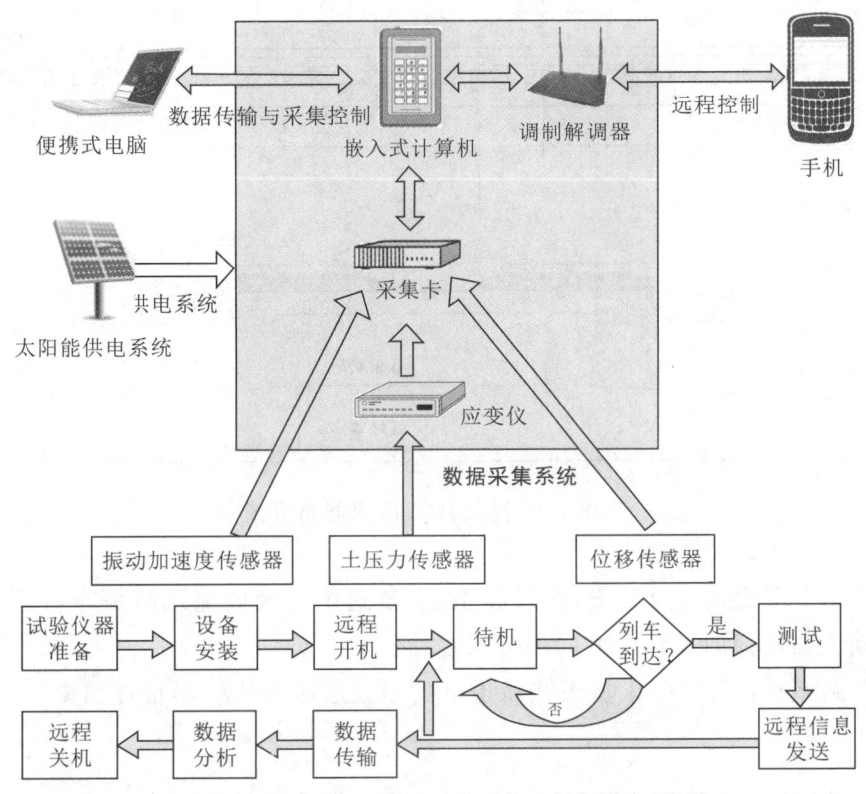

图 5-1 试验系统及试验流程图

图 5-2 现场测点布置及数据采集系统图

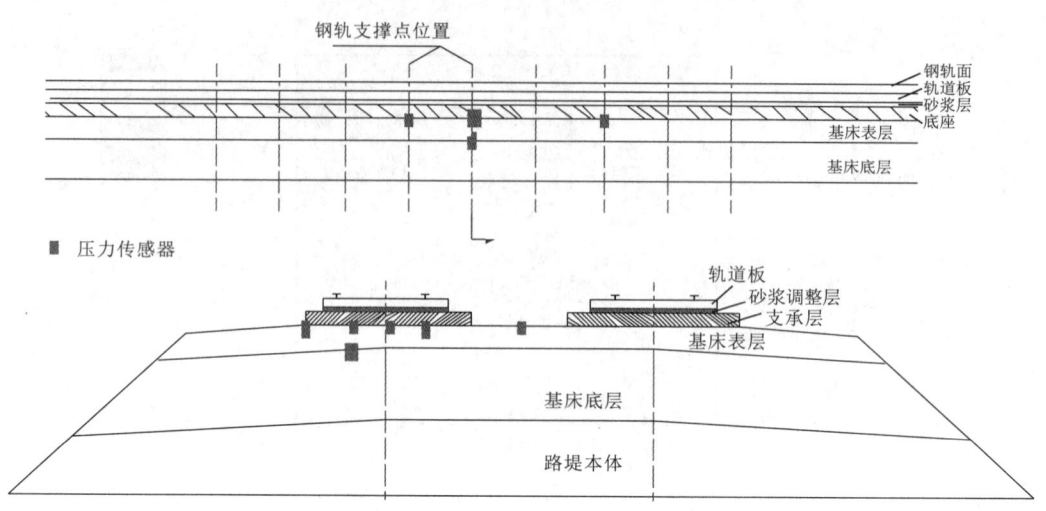

图 5-3　路堤压力传感器布置图

在 CRTS Ⅰ 型板式轨道区段，在线路中心、轨道中心及内侧钢轨下布置压力传感器，测试分析动应力沿横向及深度方向的分布规律。

路堤与路堑地段 CRTS Ⅰ 型板式轨道下的砂浆层压力传感器布置如图 5-4 所示。

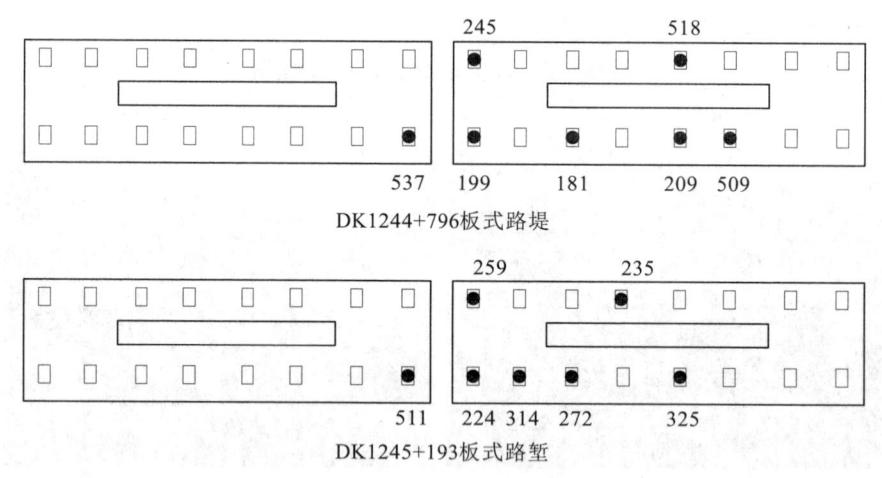

图 5-4　砂浆层压力传感器布置图

路堤位移传感器布置如图 5-5 所示，测试基床表层顶面的动变形幅值，分析不同无砟轨道结构下路基刚度（Karma 等，2004；Wan 和 Guo，1998；Gasmo 等，2000）。

路堤振动加速度传感器的布置如图 5-6 所示，测试基床表层顶面、表层底面、坡脚及地基处的振动加速度幅值，分析振动的传递规律。

（2）试验选取了 3 个典型路堑断面，分别对应 Rheda 2000、CRTS Ⅰ 型板式、CRTS Ⅰ 型双块式无砟轨道结构的测点位置。

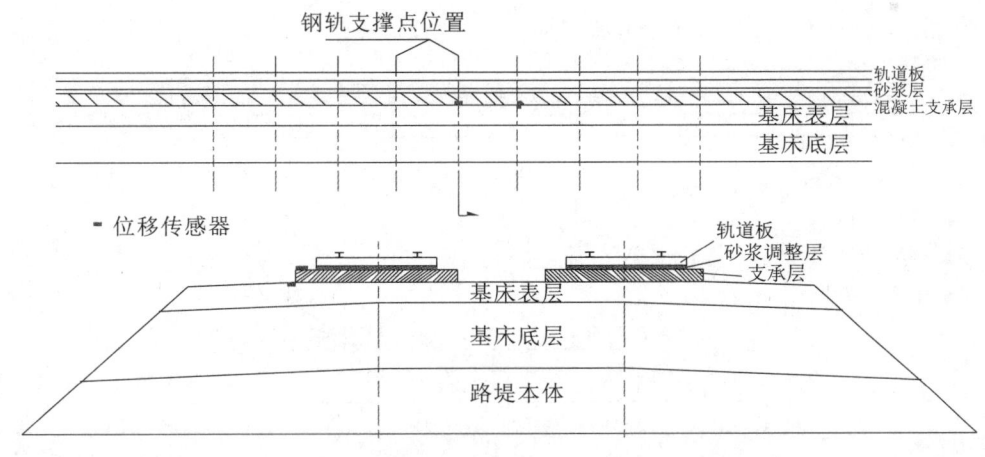

图 5-5　路堤位移传感器布置图

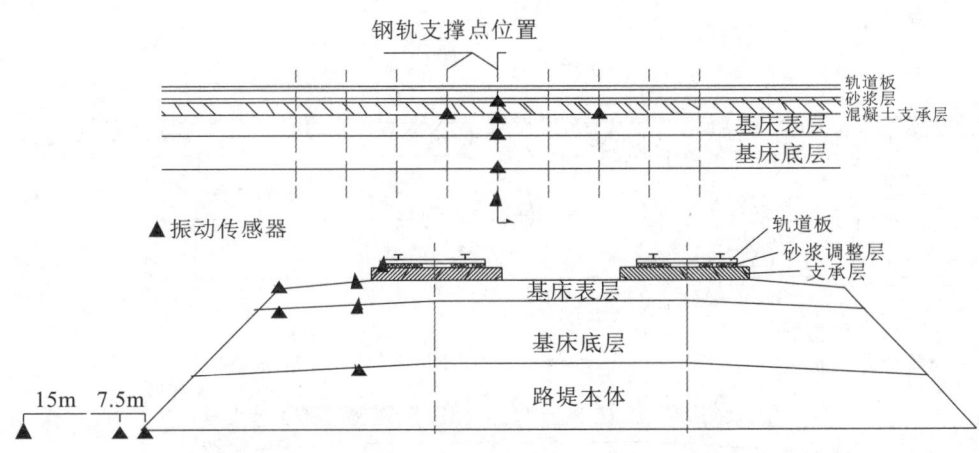

图 5-6　路堤振动加速度传感器布置图

路堑压力、位移、加速度传感器布置如图 5-7 所示,测试基床表层顶面动变形幅值和振动加速度幅值、基床表层顶面及表层底面的动应力幅值,并与相应轨道结构下的路堤区段测试数据进行对比,分析不同轨道结构下的路堑动力特性与堤堑动力特性的异同(Cerdà,1996)。

(3)试验选取了 3 个典型路桥过渡段断面,分别对应 Rheda 2000、CRTS Ⅰ 型板式、CRTS Ⅰ 型双块式结构测点位置;选取了 1 个典型路涵过渡段断面,轨道结构为 CRTS Ⅰ 型板式轨道(Rahardjo 等,2001)。

路桥过渡段和路涵过渡段传感器布置如图 5-8、图 5-9 所示,主要测试基床表层顶面的动变形和振动加速度幅值及其沿纵向变化规律,分析过渡段不同位置的刚度情况,判断过渡段的均匀性(Hirotaka 等,2004;Alonso 等,2003)。

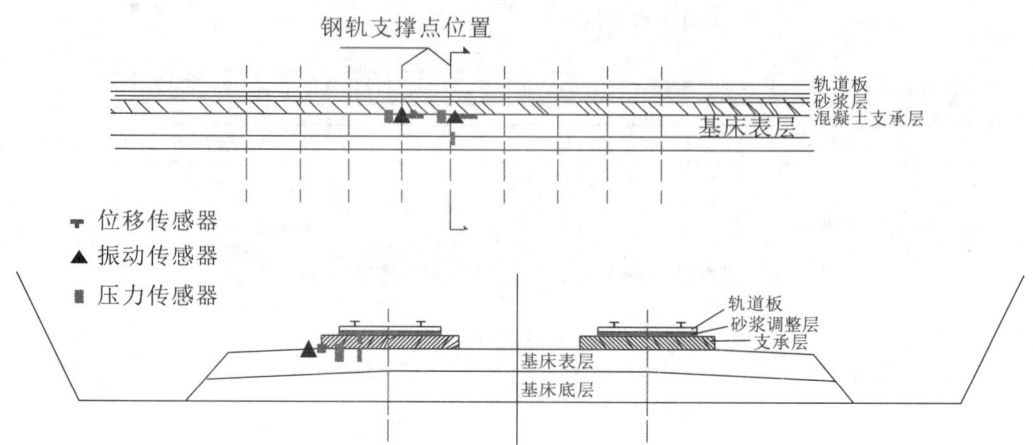

图 5-7 路堑传感器布置图

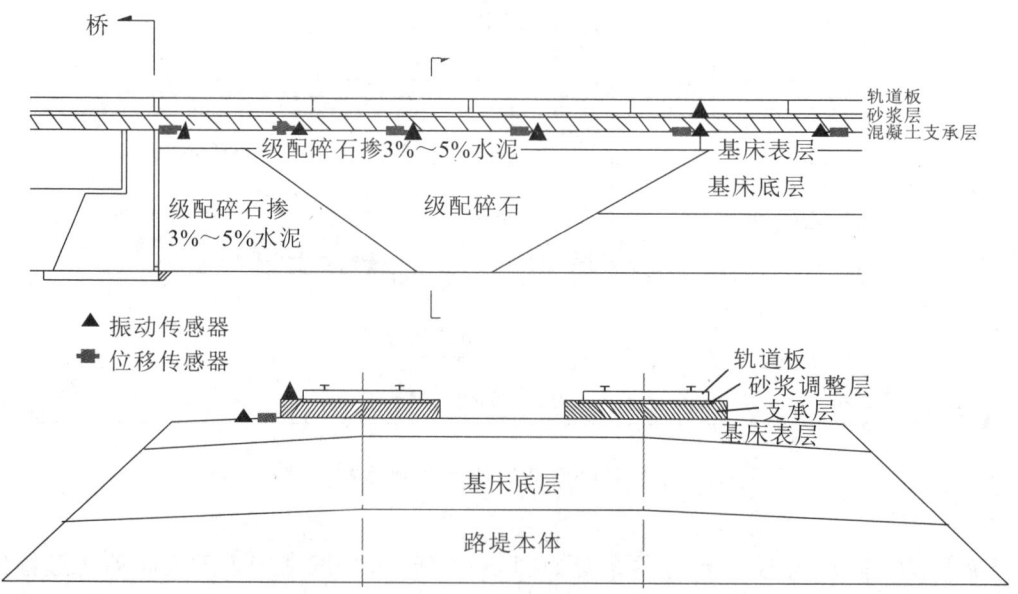

图 5-8 路桥过渡段传感器布置图

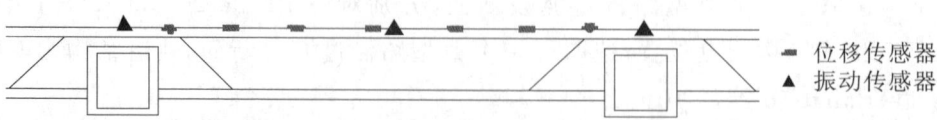

图 5-9 路涵过渡段传感器布置图

5.3 测试数据分析

5.3.1 动应力分析

动应力分析主要包括基床动应力幅值及其分布规律和砂浆填充层的动应力幅值水平,研究不同无砟轨道类型时路基动应力传递情况(董亮等,2010)。

1. 基床动应力分析

基床动应力分析主要针对 Rheda 2000、CRTS I 型板式、CRTS I 型双块式、CRTS II 型板式轨道结构下路堤和路堑基床表层顶面和基床表层底面的动应力(叶宇翔等,2008;王云鹏和许兆义,2002)。

(1) Rheda 2000 结构下基床动应力分析。在路堤与路堑的每个断面,测试钢轨下基床表层顶面和基床表层底面的动应力,数据分析主要是动车通过时的最大值、轴重12.3t 和轴重10.4t 对应的值。列车通过时,在路堤位置钢轨下基床表层顶面和表层底面测试动应力随车速及轴重变化(图 5-10)。

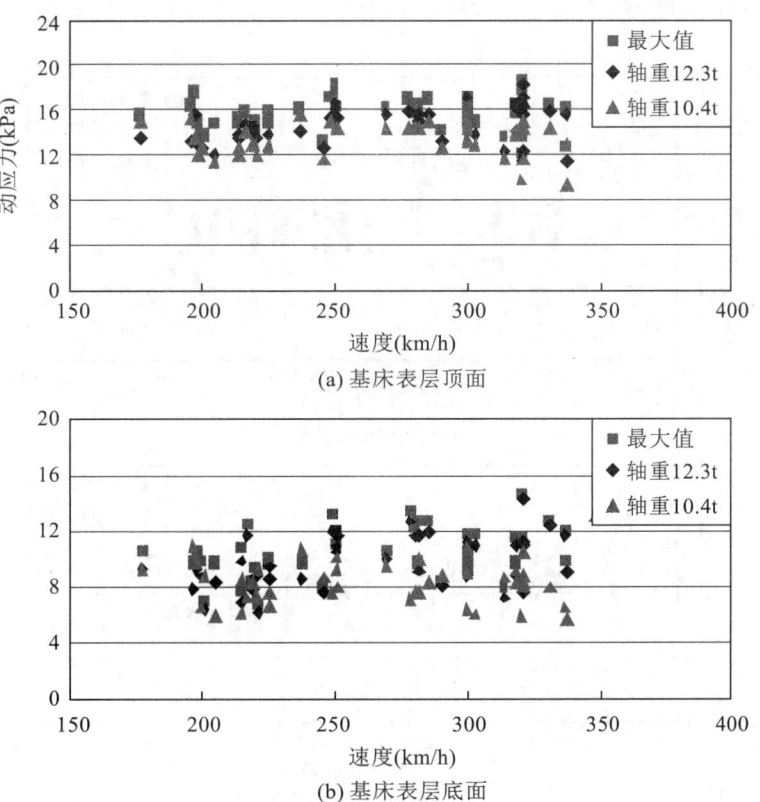

图 5-10 Rheda 2000 轨道结构下路堤基床动应力随车速及轴重的变化

对数据的特征值进行分析，包括最大值、均值和均方差。基床表层顶面和表层底面动应力特征值统计见表5-3。

表5-3　Rheda 2000轨道结构下路堤基床动应力的统计表

测点位置	车辆位置	最大值(kPa)	均值(kPa)	均方差(kPa)
基床表层顶面	整车	18.65	15.46	1.62
	第五车(轴重12.3t)	18.15	14.09	2.55
	第八车(轴重10.4t)	16.85	13.52	1.50
基床表层底面	整车	14.59	10.44	1.79
	第五车(轴重12.3t)	14.29	9.73	1.85
	第八车(轴重10.4t)	10.95	8.24	1.47

动应力随车速增长的趋势变化不明显，动应力随轴重增大而增加。基床表层顶面动应力小于32.1kPa限值，路基在列车动荷载作用下不会产生累积的变形。

列车通过时，在路堑位置钢轨下的基床表层顶面和表层底面所测动应力随车速及轴重的变化如图5-11所示。

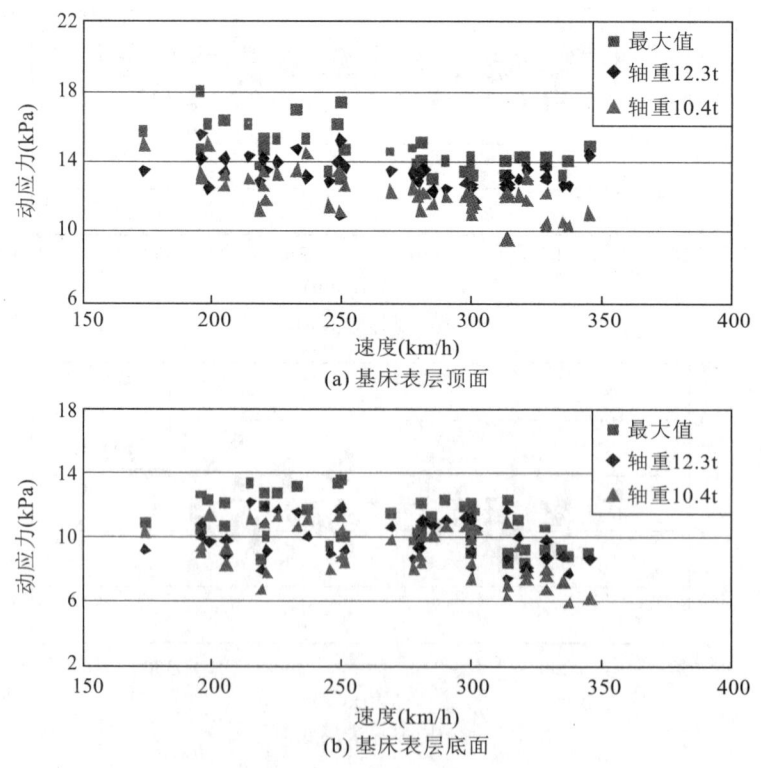

(a) 基床表层顶面

(b) 基床表层底面

图5-11　Rheda 2000轨道结构下路堑基床动应力随车速及轴重的变化

基床表层顶面和表层底面动应力特征值统计见表 5-4,动应力随车速增长的趋势变化不明显,动应力随轴重的增大而增加。基床表层顶面动应力小于 32.5kPa 的限值,路基在列车动荷载作用下不会产生大的累积变形。

表 5-4   Rheda 2000 轨道结构下路堑基床动应力的统计表

测点位置	车辆位置	最大值(kPa)	均值(kPa)	均方差(kPa)
基床表层顶面	整车	17.82	14.51	1.22
	第五车(轴重 12.3t)	15.51	13.23	0.87
	第八车(轴重 10.4t)	14.95	12.20	1.18
基床表层底面	整车	13.55	10.81	1.48
	第五车(轴重 12.3t)	12.17	9.87	1.27
	第八车(轴重 10.4t)	11.48	9.11	1.59

Rheda 2000 轨道结构下路堤与路堑动应力统计见表 5-5 和图 5-12。路堤基床表层顶面动应力均值稍微大于路堑,路堤基床表层底面动应力均值与路堑基本相同。

表 5-5   Rheda 2000 轨道结构下路堤与路堑结构的动应力对比统计表

测点位置	路 堤		路 堑	
	基床表层顶面	基床表层底面	基床表层顶面	基床表层底面
均值(kPa)	15.46	10.44	14.51	10.81
最大值(kPa)	18.65	14.59	17.82	13.55

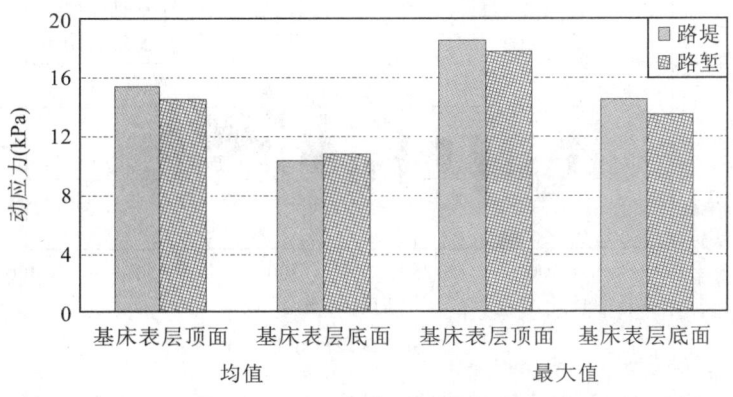

图 5-12   路堤与路堑结构动应力对比图

同一断面所测基床表层顶面和基床表层底面动应力比值见表5-6。可以看出，路堤和路堑所得基床表层顶面和基床表层底面动应力比值为0.67～0.78。

表5-6 基床表层顶面和基床表层底面动应力比值

测点位置	路堤		路堑	
	均值	最大值	均值	最大值
比值	0.67	0.78	0.75	0.76

(2)CRTS I 型板式轨道结构下基床动应力分析。在路堤与路堑的每个断面，主要测试钢轨下基床表层顶面、基床表层底面、轨道中心下的基床表层顶面和底座边缘基床表层顶面的动应力(秦敬爱,2007;左佐生,1987;何志攀等,2003)，数据主要分析动车组通过时的最大值、轴重12.3t对应的值和轴重10.4t对应的值。

列车通过路堤位置时，钢轨下基床表层顶面和表层底面所测动应力随车速及轴重的变化如图5-13所示。

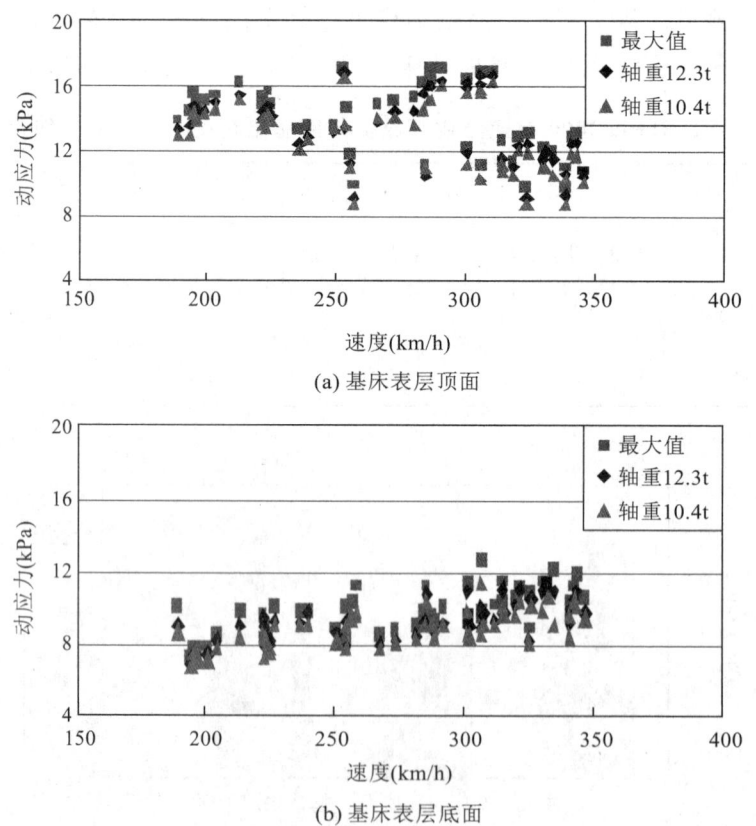

(a) 基床表层顶面

(b) 基床表层底面

图5-13 CRTS I 型板式路堤基床动应力随车速及轴重的变化

路堤位置轨道中心下的基床表层顶面和底座边缘基床表层顶面所测动应力随车速及轴重的变化如图5-14所示。

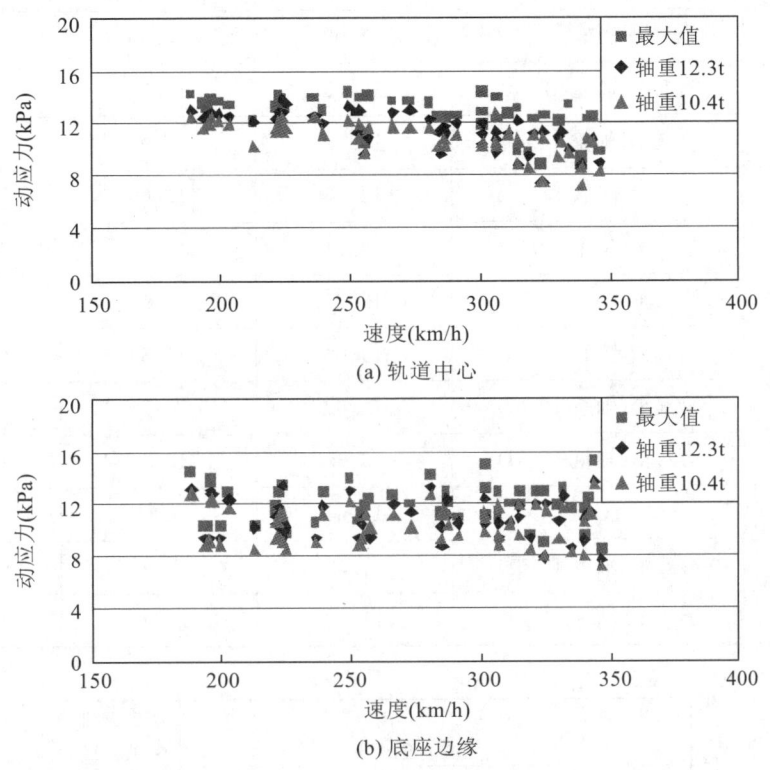

图 5-14　CRTS Ⅰ 型板式路堤轨道和底座动应力随车速及轴重的变化

钢轨下、轨道中心、底座边缘的基床表层顶面和表层底面动应力特征值统计见表5-7,动应力随车速增长而变化的趋势不明显,动应力随轴重增大而增加。基床表层顶面动应力小于33.7kPa的限值,路基在列车动荷载作用下不会产生累积变形。

列车通过路堑位置时,钢轨下基床表层顶面和表层底面所测动应力随车速及轴重的变化如图5-15所示。

基床表层顶面和表层底面动应力特征值统计见表5-8,动应力随车速增长呈增大趋势,动应力随轴重增大而增加。基床表层顶面动应力小于33.1kPa限值,路基在列车动荷载作用下不会产生累积变形。

CRTS Ⅰ 型板式轨道结构下路堤与路堑动应力测试结果统计见表5-9和图5-16。路堤的基床表层顶面和表层底面动应力均值都大于路堑。

路基基床所测最大动应力值在钢轨下基床表层顶面,为分析基床内不同位置处的动应力分布规律,对数据进行归一化处理,把其余测点所测动应力值与钢轨下基床表层顶面动应力的比值进行分析,同一断面所测钢轨下基床表层底面、轨道中心、底座边缘与钢轨下基床表层顶面动应力比值见表5-10。路堤和路堑所测钢轨下基床表层底面与基床表

表 5-7 CRTS I 型板式路堤基床动应力的统计表

测点位置		车辆位置	最大值(kPa)	均值(kPa)	均方差(kPa)
基床表层顶面	钢轨下	整车	17.09	13.95	2.09
		第五车(轴重12.3t)	16.75	13.33	2.08
		第八车(轴重10.4t)	16.39	12.94	2.03
	轨道中心	整车	14.45	12.68	1.42
		第五车(轴重12.3t)	14.41	11.51	1.46
		第八车(轴重10.4t)	12.77	10.95	1.29
	底座边缘	整车	15.04	11.84	1.48
		第五车(轴重12.3t)	13.62	10.80	1.45
		第八车(轴重10.4t)	13.37	10.30	1.42
基床表层底面		整车	12.65	9.81	1.25
		第五车(轴重12.3t)	11.33	9.26	1.14
		第八车(轴重10.4t)	11.42	8.90	1.03

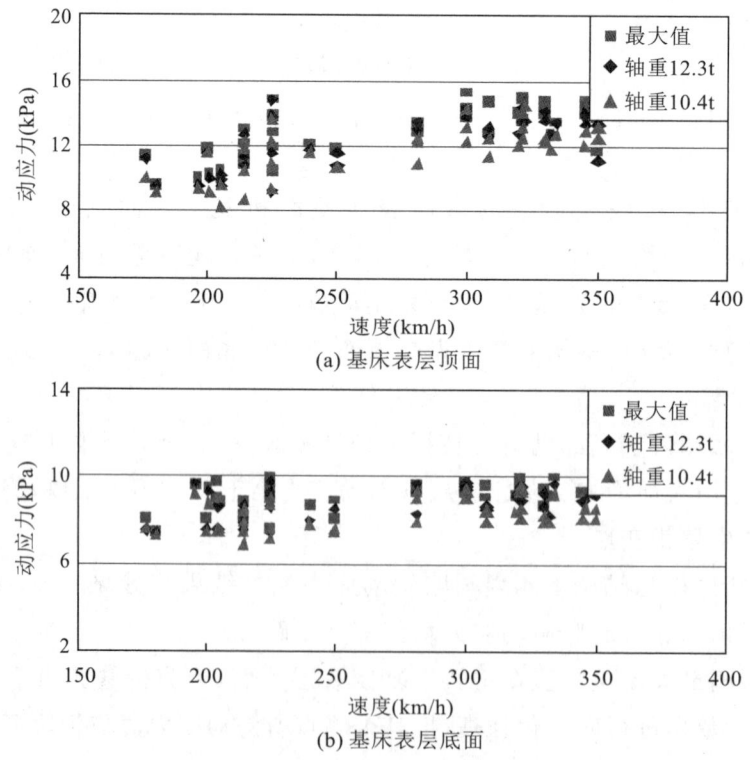

(a) 基床表层顶面

(b) 基床表层底面

图 5-15 CRTS I 型板式路堑基床动应力随车速及轴重的变化

表 5-8　CRTS I 型板式路堑基床动应力的统计表

测点位置	车辆位置	最大值(kPa)	均值(kPa)	均方差(kPa)
基床表层顶面	整车	15.33	12.87	1.54
	第五车(轴重 12.3t)	14.85	12.48	1.57
	第八车(轴重 10.4t)	14.62	11.82	1.54
基床表层底面	整车	10.38	9.04	0.71
	第五车(轴重 12.3t)	10.17	8.70	0.77
	第八车(轴重 10.4t)	9.50	8.29	0.75

表 5-9　CRTS I 型板式路堤与路堑结构的动应力对比统计表

测点位置	路堤				路堑	
	基床表层顶面	基床表层底面	轨道中心	底座边缘	基床表层顶面	基床表层底面
均值(kPa)	14.91	9.81	12.68	11.84	14.15	10.15
最大值(kPa)	21.13	15.40	14.45	15.04	18.97	13.65

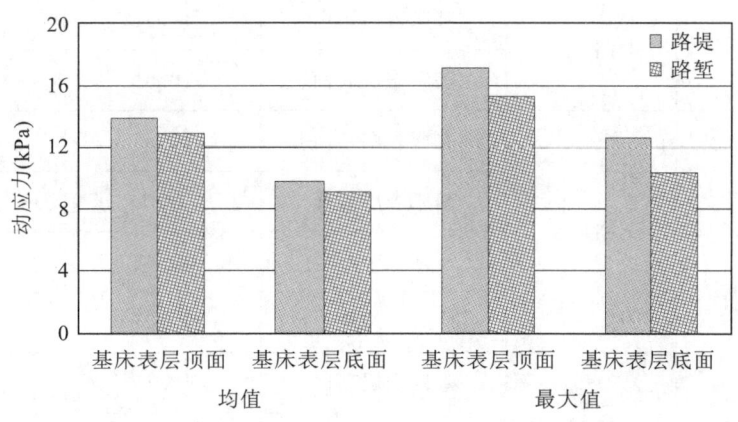

图 5-16　路堤与路堑结构动应力对比图

层顶面动应力比值为 0.68～0.74,路堤轨道中心基床表层顶面与钢轨下基床表层顶面动应力均值的比值为 0.85,底座边缘的基床表层顶面与钢轨下基床表层顶面动应力均值的比值为 0.85。

表 5-10 基床表层底面和基床表层顶面动应力比值

测点位置	路堤		路堑	
	均值	最大值	均值	最大值
钢轨下表层底面	0.69	0.74	0.68	0.70
轨道中心	0.85	0.91	/	/
底座边缘	0.85	0.88	/	/

2. 动应力综合分析

分析试验数据得出,不同轨道结构下基床表层顶面的动应力均值为 11～17kPa,基床表层底面动应力均值为 7～12kPa,多数测点动应力随车速提高有增大的趋势,动应力随轴重的增大而增加。路基在列车动荷载作用下不会产生累积变形。

对不同轨道结构下路堤与路堑动应力统计如表 5-11。

表 5-11 路堤与路堑结构的动应力对比统计表

轨道结构形式	路基形式	测点位置	均值(kPa)	最大值(kPa)
Rheda 2000	路堤	基床表层顶面	15.46	18.65
		基床表层底面	10.44	14.59
	路堑	基床表层顶面	14.51	17.82
		基床表层底面	10.81	13.55
CRTS I 型板式	路堤	基床表层顶面	13.95	17.09
		基床表层底面	9.81	12.65
		钢轨中心	12.68	14.45
		底座边缘	11.84	15.04
	路堑	基床表层顶面	12.87	15.33
		基床表层底面	9.04	10.38

对不同轨道结构下路堤与路堑钢轨下基床表层顶面动应力均值进行对比分析(图 5-17)。由图 5-17 可知,不同轨道结构下基床表层动应力相差不大,各种轨道结构路堤基床表层顶面动应力均值稍大于路堑,路堤与路堑基床表层底面动应力均值基本相同。

第五章 不同结构无砟轨道过渡段动力性能数值分析

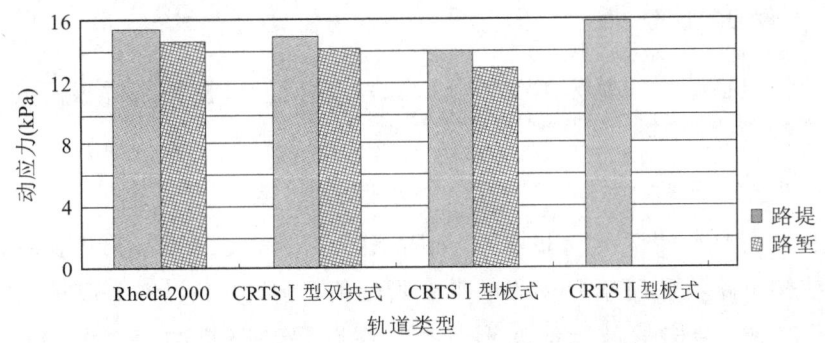

图 5-17 钢轨下基床表层顶面动应力均值对比图

对基床表层顶面不同位置动应力进行统计,用以分析动应力沿横向的分布规律(苏谦和蔡英,2001)。CRTS Ⅰ型板式轨道结构下不同部位动应力分布见图 5-18。对数据进行归一化处理(杨广庆和管振祥,2001),不同位置的动应力值与钢轨下基床表层顶面动应力进行对比统计如图 5-19 所示。动应力沿横向分布较均匀,轨道中心、底座边缘与钢轨下动应力比值为 0.85～0.91。

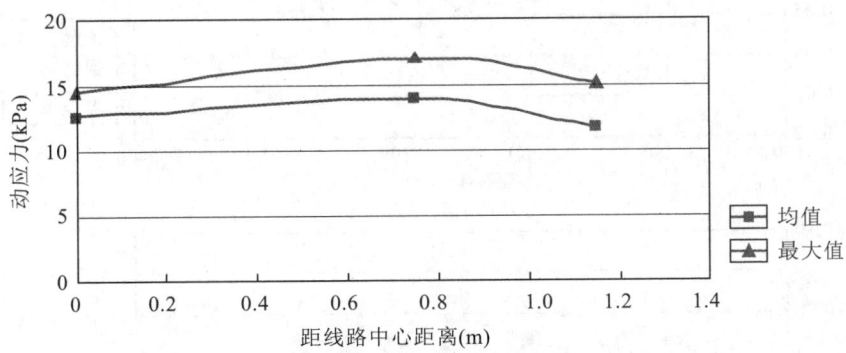

图 5-18 CRTS Ⅰ型板式路堤基床表层顶面动应力横向分布图

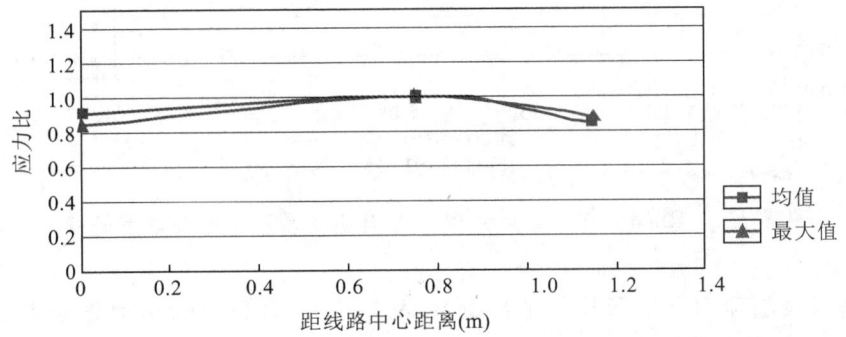

图 5-19 CRTS Ⅰ型板式路堤基床表层顶面应力比横向分布图

5.3.2 动变形分析

动变形分析包括路堤的基床动变形分析、路堑动变形分析和路桥、路涵过渡段沿线路纵向动变形分析。

1. 基床动变形分析

基床动变形主要是测试 Rheda 2000、CRTS Ⅰ型板式、CRTS Ⅰ型双块式、CRTS Ⅱ型板式轨道结构下路堤和路堑基床表层动变形幅值(杨广庆等,1998;高军,2006)。

(1) Rheda 2000 结构下基床动变形分析。在路堤和路堑的每个断面设置两个位移计,数据分析主要是动车组通过时的最大值、轴重 12.3t 对应的值和轴重 10.4t 对应的值。列车通过时路堤位置所测动变形随车速及轴重变化如图 5-20 所示。

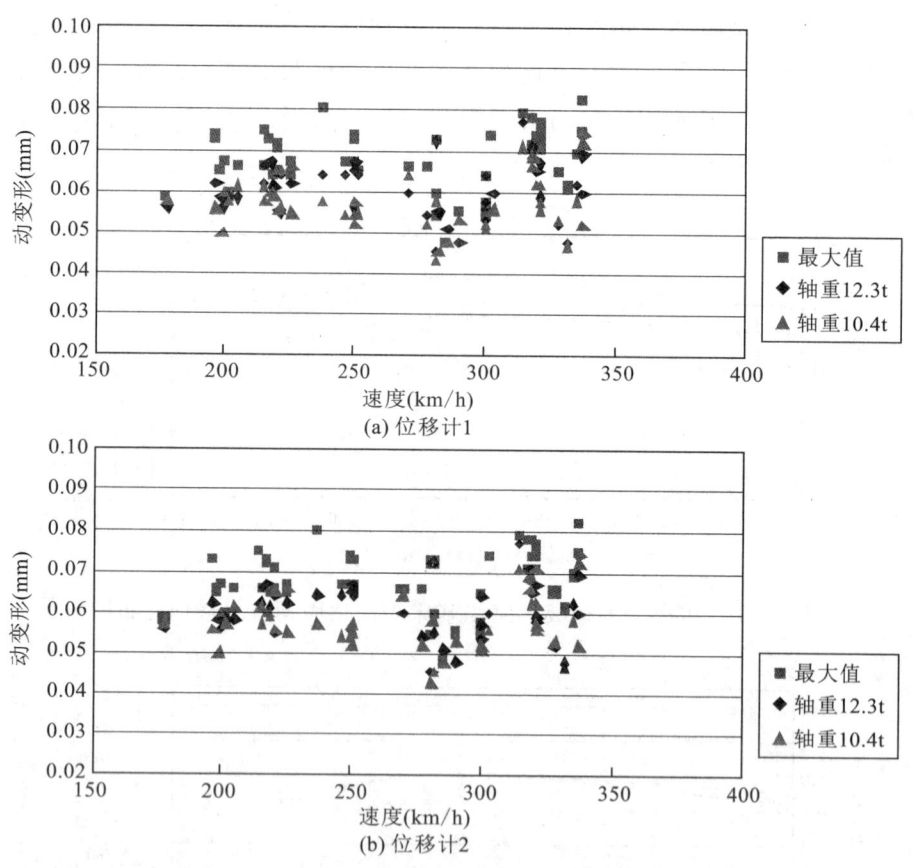

图 5-20　Rheda 2000 轨道结构下路堤动变形随车速及轴重的变化

路堤基床表层顶面动变形特征值统计见表 5-12,动变形随车速增长而变化的趋势不明显,动变形随轴重的增大而增加。基床表层顶面动变形小于 0.219mm 的限值,路基在列车动荷载作用下不会产生累积变形。

表 5-12　Rheda 2000 轨道结构下路堤基床动变形的统计表

测点位置	车辆位置	最大值(mm)	均值(mm)	均方差(mm)
基床表层位移计1	整车	0.082	0.067	0.008
	第五车(轴重12.3t)	0.077	0.060	0.007
	第八车(轴重10.4t)	0.075	0.057	0.007
基床表层位移计2	整车	0.080	0.063	0.007
	第五车(轴重12.3t)	0.073	0.057	0.006
	第八车(轴重10.4t)	0.069	0.056	0.005

列车通过路堑时位移计1和位移计2所测试的动变形随车速及轴重的变化如图5-21所示。

路堑基床表层顶面动变形特征值统计见表5-13，动变形随车速增长而变化的趋势不明显，动变形随轴重的增大而增加。基床表层顶面动变形小于0.217mm的限值，路基在列车动荷载作用下不会产生累积变形。

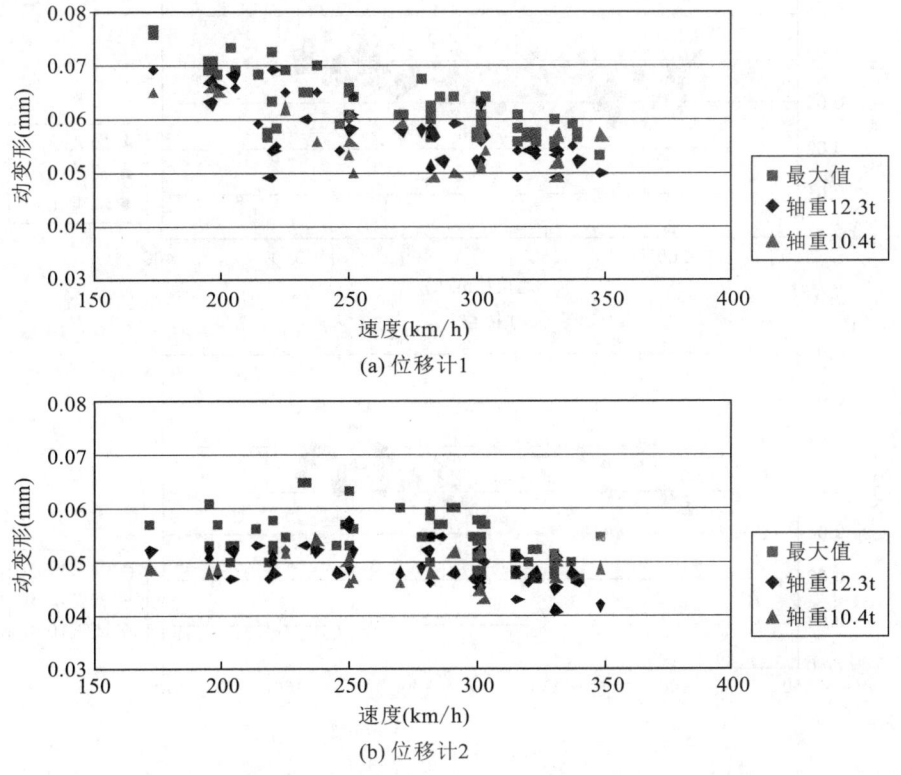

(a) 位移计1

(b) 位移计2

图 5-21　Rheda 2000 轨道结构下路堑动变形随车速及轴重的变化

表 5-13 Rheda 2000 轨道结构下路堑基床动变形的统计表

测点位置	车辆位置	最大值(mm)	均值(mm)	均方差(mm)
基床表层位移计 1	整车	0.076	0.063	0.006
	第五车(轴重 12.3t)	0.069	0.056	0.006
	第八车(轴重 10.4t)	0.066	0.055	0.005
基床表层位移计 2	整车	0.065	0.054	0.004
	第五车(轴重 12.3t)	0.055	0.049	0.003
	第八车(轴重 10.4t)	0.069	0.056	0.005

(2)CRTSI型板式结构下基床动变形分析。在路堤和路堑的每个断面设置两个位移计，数据分析主要是动车组通过时最大值、轴重 12.3t 对应的值和轴重 10.4t 对应的值。列车通过路堤时位移计 1 和位移计 2 所测动变形随车速及轴重变化如图 5-22 所示。

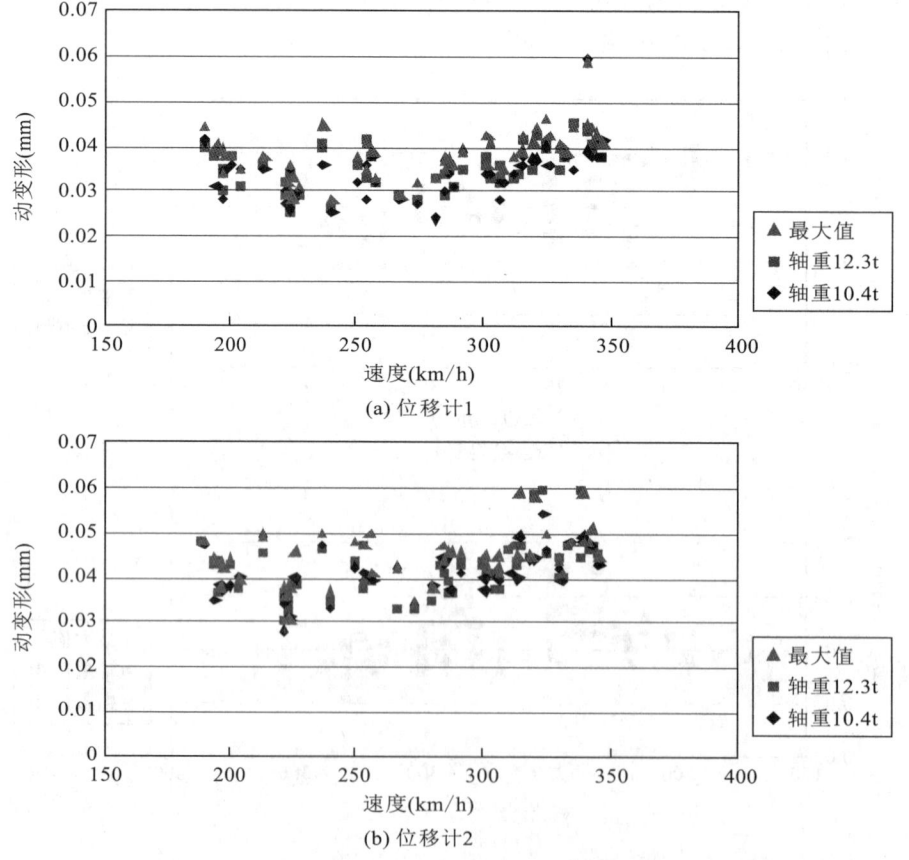

(a) 位移计1

(b) 位移计2

图 5-22 CRTSI型板式路堤动变形随车速及轴重的变化

第五章 不同结构无砟轨道过渡段动力性能数值分析

路堤基床表层顶面动变形特征值统计见表 5-14,动变形随车速增长而变化的趋势不明显。基床表层顶面动变形小于 0.225mm 限值,路基在列车动荷载作用下不会产生累积变形。

表 5-14 CRTS I 型板式路堤基床动变形的统计表

测点位置	车辆位置	最大值(mm)	均值(mm)	均方差(mm)
基床表层位移计 1	整车	0.059	0.038	0.005
	第五车(轴重 12.3t)	0.045	0.035	0.005
	第八车(轴重 10.4t)	0.059	0.034	0.006
基床表层位移计 2	整车	0.073	0.045	0.007
	第五车(轴重 12.3t)	0.059	0.041	0.006
	第八车(轴重 10.4t)	0.054	0.041	0.005

列车通过路堑时位移计 1 和位移计 2 所测试的动变形随车速及轴重的变化如图 5-23 所示。

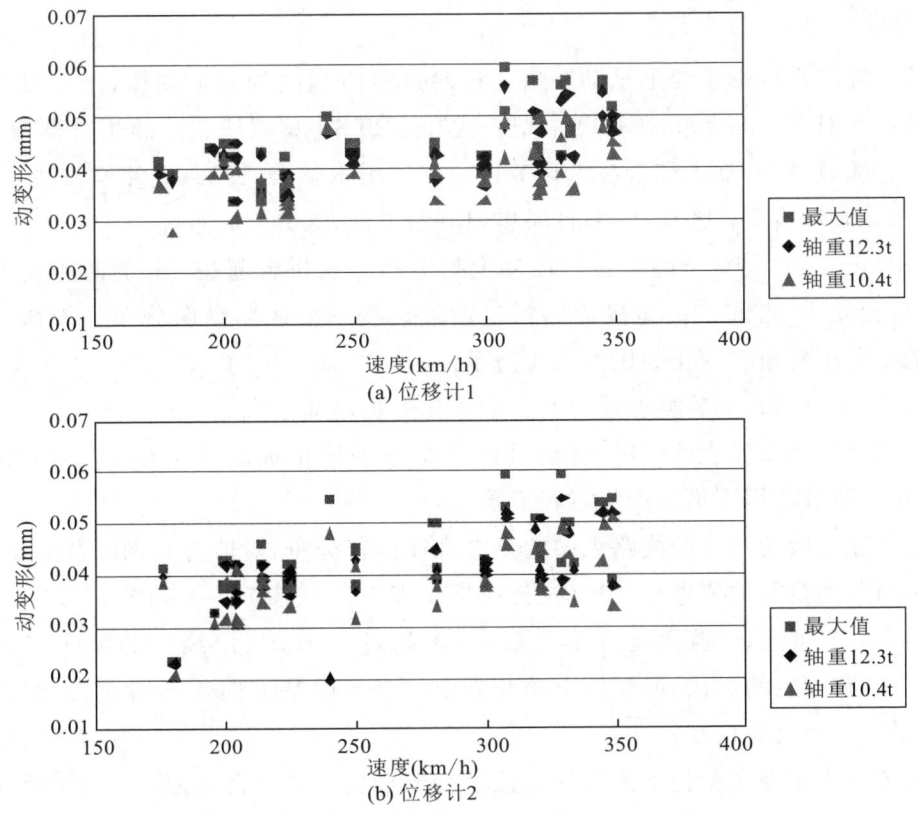

图 5-23 CRTS I 型板式路堑动变形随车速及轴重的变化

路堑基床表层顶面动变形特征值统计见表5-15,动变形随车速增长呈增大的趋势,动变形随轴重的增大而增加。基床表层顶面动变形小于0.223mm的限值,路基在列车动荷载作用下不会产生累积变形。

表5-15 CRTSⅠ型板式路堑基床动变形的统计表

测点位置	车辆位置	最大值(mm)	均值(mm)	均方差(mm)
基床表层位移计1	整车	0.066	0.044	0.006
	第五车(轴重12.3t)	0.056	0.043	0.006
	第八车(轴重10.4t)	0.050	0.040	0.006
基床表层位移计2	整车	0.076	0.044	0.007
	第五车(轴重12.3t)	0.055	0.042	0.007
	第八车(轴重10.4t)	0.051	0.039	0.006

2. 路桥过渡段动变形分析

路桥过渡段动变形主要测试动车组通过时过渡段纵向的变形规律,验证过渡段的变形均匀性。针对Rheda 2000、CRTSⅠ型板式和CRTSⅠ型双块式无砟轨道类型共选取3个断面进行测试试验(铁道综合技术研究所,2003;土木学会,1986;钱仲侯,1994;王卫东,1995;高军,2007;蔡英,1991,1995;肖骄琪,1997;梁波,2009)。

(1)Rheda 2000结构下路桥过渡段动变形分析。从桥台起按4m的间距设置位移传感器,共设置6个,测试24m范围内路桥过渡段动变形沿线路纵向分布的规律。各测点动变形随动车组的速度变化如图5-24所示。

由图5-24可知,多数测点处动变形随车速的提高而增大。

动变形统计结果见表5-16,路桥过渡段基床表层顶面动变形小于0.216mm的限值,在列车动荷载作用下不会产生累积变形。

对路桥过渡段动变形沿线路纵向的分布规律进行分析,对所有数据以及分反向、正向运行对各测点动变形均值进行对比,统计结果见表5-17、表5-18和图5-25。

由图5-25可知,过渡段动变形值较小,不超过0.1mm,沿线路的纵向变化比较均匀,虽然数据有一定的起伏,但整体上动变形由桥台至路基方向逐渐增大,说明过渡段刚度比较均匀,过渡效果良好。

(2)CRTSⅠ型板式结构下路桥过渡段动变形分析。从桥台起按4m的间距设置位移传感器,共设置6个,测试24m范围内路桥过渡段动变形沿线路纵向分布的规律。各测点动变形随动车组的速度变化如图5-26所示。

第五章 不同结构无砟轨道过渡段动力性能数值分析

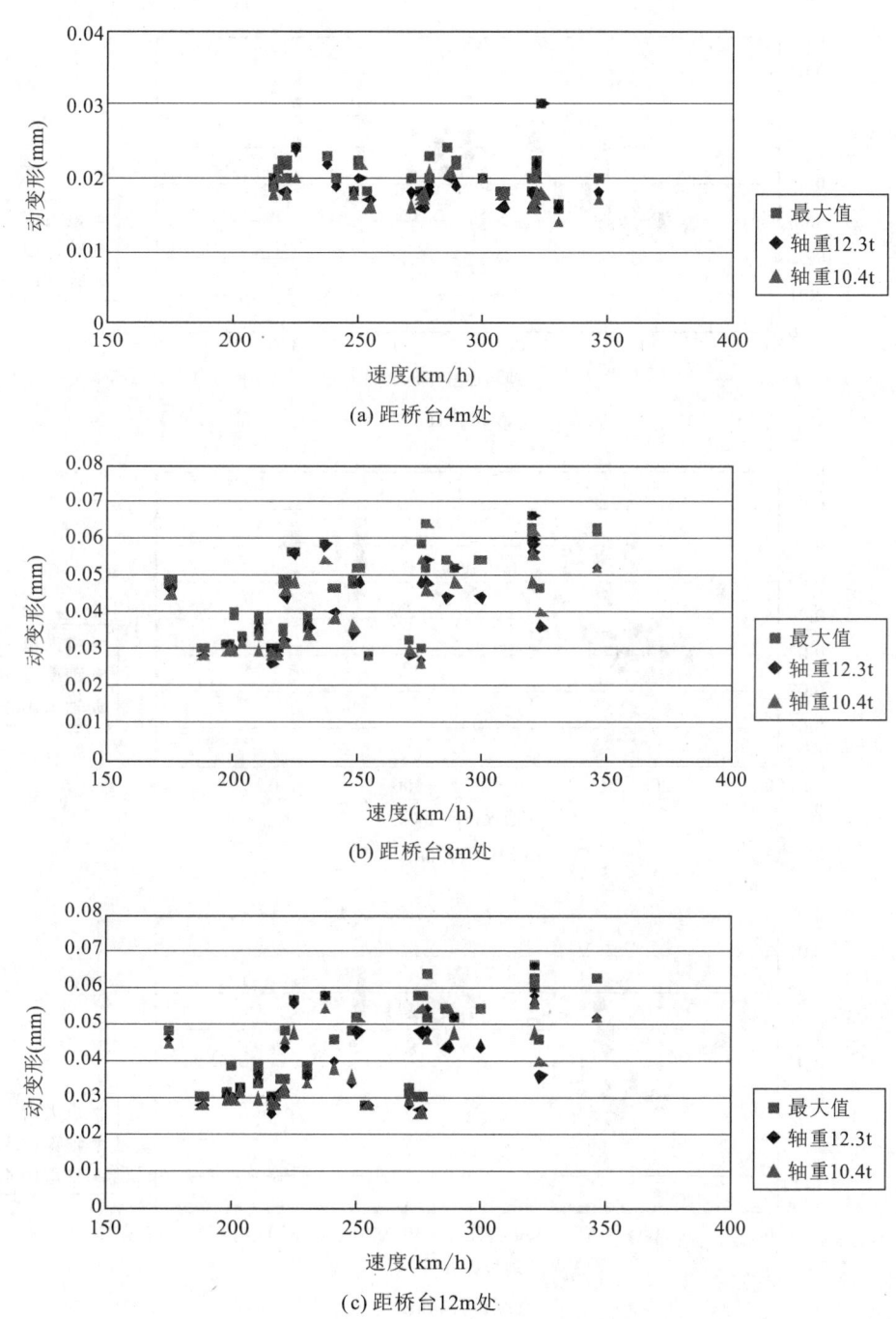

图 5-24 Rheda 2000 轨道结构下路桥过渡段动变形随车速及轴重的变化

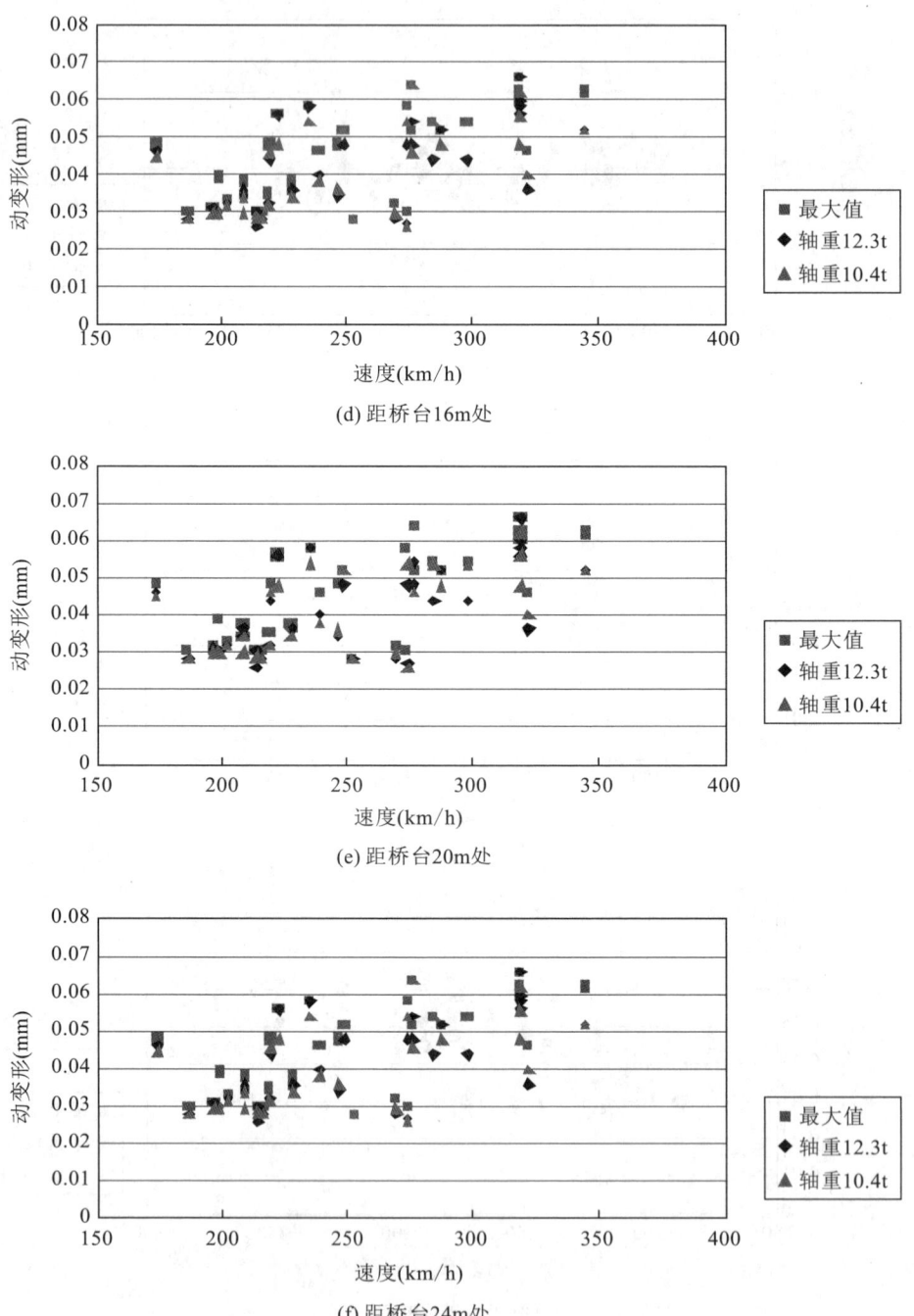

(d) 距桥台16m处

(e) 距桥台20m处

(f) 距桥台24m处

续图 5-24

表 5-16　Rheda 2000 轨道结构下路桥过渡段动变形的统计表

测点位置	最大值(mm)	均值(mm)	均方差(mm)
距桥台 4m	0.030	0.021	0.003
距桥台 8m	0.066	0.045	0.012
距桥台 12m	0.047	0.034	0.006
距桥台 16m	0.048	0.038	0.005
距桥台 20m	0.068	0.057	0.004
距桥台 24m	0.060	0.037	0.003

表 5-17　Rheda 2000 轨道结构下路桥过渡段动变形均值的统计表　（单位：mm）

测点位置	距桥台 4m	距桥台 8m	距桥台 12m	距桥台 16m	距桥台 20m	距桥台 24m
所有数据	0.021	0.045	0.034	0.038	0.057	0.037
正向运行	0.021	0.045	0.033	0.038	0.057	0.037
反向运行	0.020	0.045	0.035	0.040	0.058	0.036

表 5-18　Rheda 2000 轨道结构下路桥过渡段动变形最大值的统计表（单位：mm）

测点位置	距桥台 4m	距桥台 8m	距桥台 12m	距桥台 16m	距桥台 20m	距桥台 24m
所有数据	0.030	0.066	0.047	0.048	0.068	0.060
正向运行	0.030	0.066	0.044	0.046	0.068	0.060
反向运行	0.024	0.062	0.047	0.048	0.064	0.042

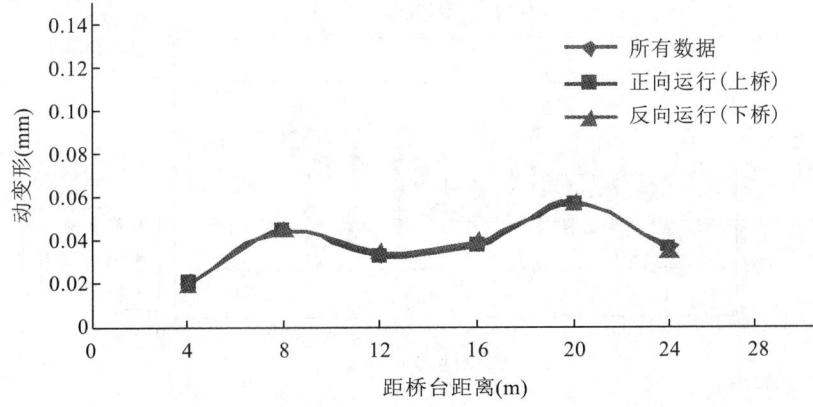

图 5-25　Rheda 2000 轨道结构下路桥过渡段动变形均值的纵向分布

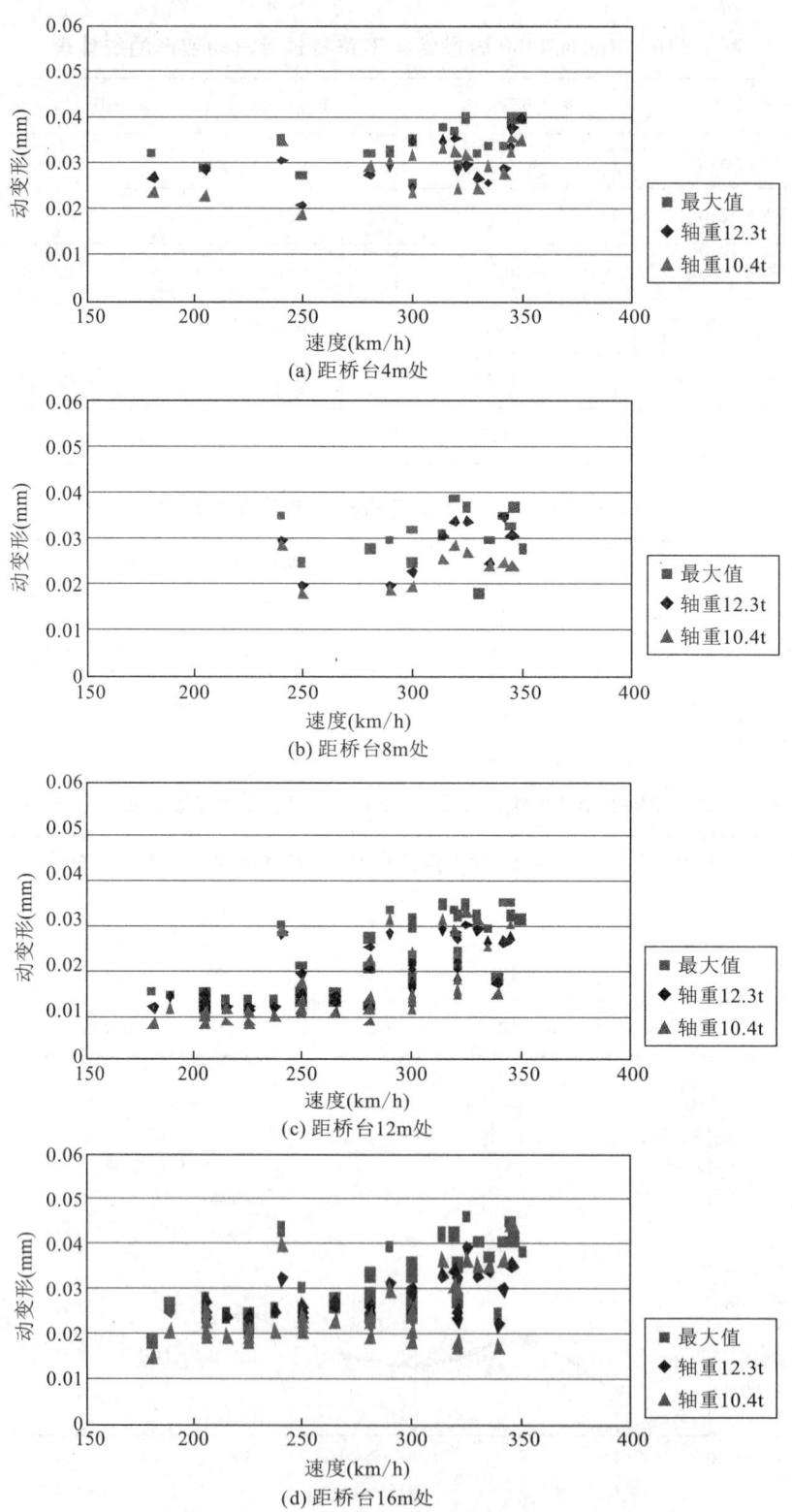

图 5-26　CRTS I 型板式路桥过渡段动变形随车速及轴重的变化

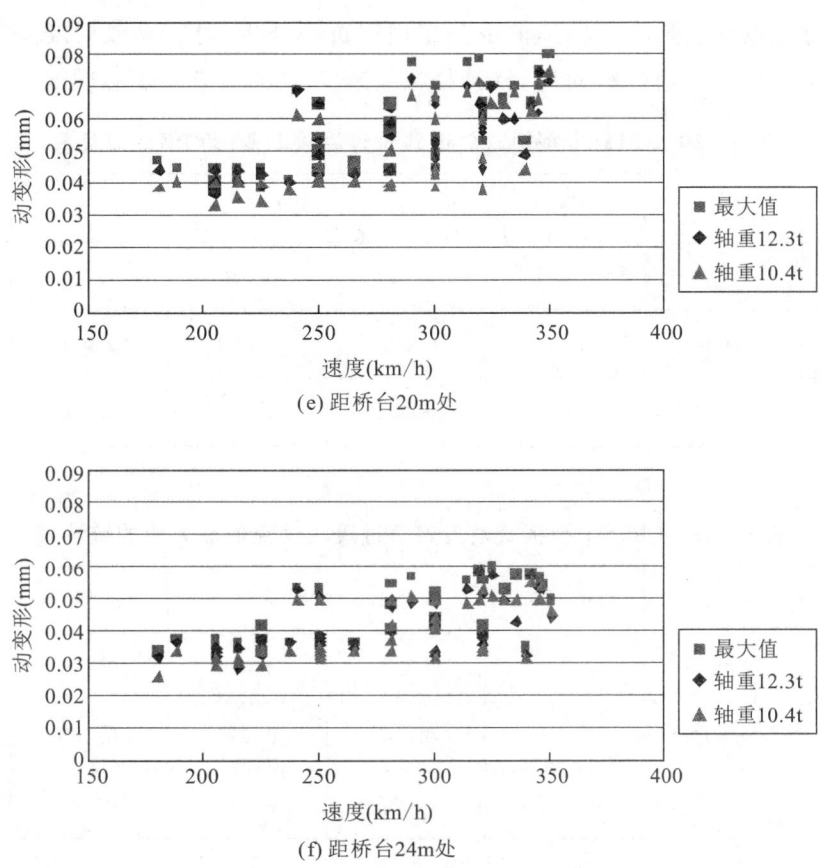

(e) 距桥台20m处

(f) 距桥台24m处

续图 5-26

由图 5-26 可知,多数测点处动变形随车速的提高而增大。

动变形统计结果见表 5-19。路桥过渡段基床表层顶面动变形小于 0.217mm 的限值,在列车动荷载作用下不会产生累积变形。

表 5-19　CRTS Ⅰ 型板式轨道路桥过渡段动变形的统计表

测点位置	最大值(mm)	均值(mm)	均方差(mm)
距桥台 4m	0.053	0.035	0.006
距桥台 8m	0.040	0.031	0.006
距桥台 12m	0.039	0.023	0.008
距桥台 16m	0.054	0.031	0.008
距桥台 20m	0.085	0.056	0.013
距桥台 24m	0.060	0.045	0.008

对路桥过渡段动变形沿线路纵向的分布规律进行分析,对所有数据以及分反向、正向运行对各测点动变形均值进行对比,统计结果见表5-20、表5-21和图5-27。

表5-20　CRTS Ⅰ型板式轨道路桥过渡段动变形均值的统计表　　（单位：mm）

测点位置	距桥台4m	距桥台8m	距桥台12m	距桥台16m	距桥台20m	距桥台24m
所有数据	0.035	0.031	0.022	0.030	0.056	0.045
正向运行	0.036	0.033	0.022	0.030	0.057	0.044
反向运行	0.033	0.029	0.023	0.030	0.056	0.046

表5-21　CRTS Ⅰ型板式轨道路桥过渡段动变形最大值的统计表　　（单位：mm）

测点位置	距桥台4m	距桥台8m	距桥台12m	距桥台16m	距桥台20m	距桥台24m
所有数据	0.053	0.039	0.036	0.046	0.085	0.060
正向运行	0.053	0.039	0.035	0.043	0.085	0.059
反向运行	0.040	0.037	0.036	0.046	0.070	0.060

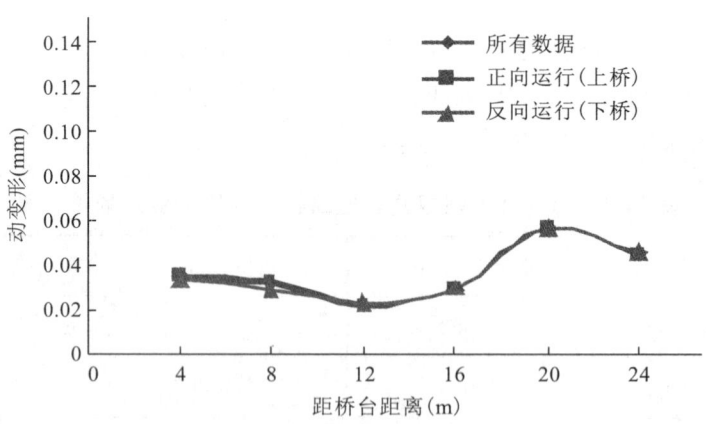

图5-27　CRTS Ⅰ型板式路桥过渡段动变形均值的纵向分布

由图5-27可知,过渡段动变形值较小,不超过0.1mm,沿线路的纵向变化比较均匀,虽然数据有一定的起伏,但整体上动变形由桥台至路基方向逐渐增大,说明过渡段刚度比较均匀,过渡效果良好。

(3) 路桥过渡段动变形分析小结。由上述分析可知,不同轨道结构形式下过渡段实测动变形值较小,均小于 0.1mm,动变形沿线路纵向变化比较均匀,整体上由桥台至路基方向逐渐增大,说明过渡段刚度比较均匀,过渡效果良好。过渡段基床表层顶面动变形小于计算得出限值,在列车动荷载作用下不会产生累积变形。

对比分析 3 种轨道结构形式下过渡段动变形,以及各测点的均值和最大值,统计结果见表 5-22、表 5-23 和图 5-28。

表 5-22 路桥过渡段动变形均值的统计表　　　　　　　　　　（单位:mm）

测点位置	距桥台 4m	距桥台 8m	距桥台 12m	距桥台 16m	距桥台 20m	距桥台 24m
Rheda 2000	0.021	0.045	0.034	0.038	0.057	0.037
CRTS I 型双块式	0.025	0.031	0.029	0.028	0.053	0.057
CRTS I 型板式	0.035	0.031	0.022	0.030	0.056	0.045

表 5-23 路桥过渡段动变形最大值的统计表　　　　　　　　　（单位:mm）

测点距离	距桥台 4m	距桥台 8m	距桥台 12m	距桥台 16m	距桥台 20m	距桥台 24m
Rheda 2000	0.030	0.066	0.047	0.048	0.068	0.060
CRTS I 型双块式	0.045	0.044	0.043	0.041	0.071	0.079
CRTS I 型板式	0.053	0.039	0.036	0.046	0.085	0.060

3 种轨道结构下相同位置所测动变形值稍有不同,过渡段动变形沿纵向呈波动状态,随着桥台距离的增加,动变形呈逐渐增大的趋势。

3. 路涵过渡段动变形分析

路涵过渡段动变形主要测试动车组通过时过渡段纵向的变形规律,验证过渡段的变形均匀性(杨广庆,2001)。对应无砟轨道结构形式为 CRTS I 型板式,该处结构为两个涵洞间夹短路基,涵洞间距离 52m,从两个涵洞边到路基共设置 7 个位移计,位移计编号 1#、2#、3#、4#、5#、6#、7#,按等间距设置,其中 1# 和 7# 靠近涵洞,4# 位于路基中间部位。各测点动变形随动车组速度变化如图 5-29 所示。

由图 5-29 可知,多数测点处动变形随车速增长而变化的趋势不明显。

路涵过渡段动变形统计结果见表 5-24。过渡段基床表层顶面动变形小于 0.222mm 的限值,在列车动荷载作用下不会产生累积变形。

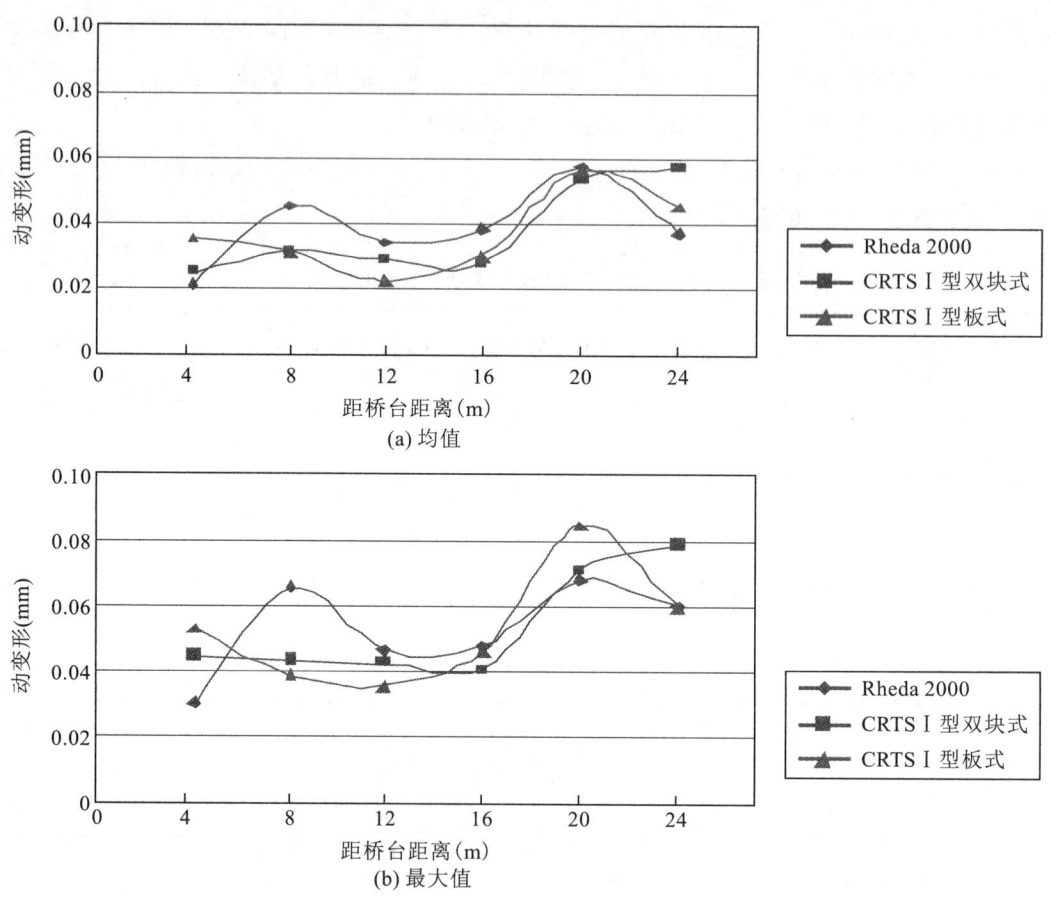

图 5-28 路桥过渡段动变形的纵向分布

表 5-24 路涵过渡段动变形的统计表

测点号	最大值(mm)	均值(mm)	均方差(mm)
1#	0.092	0.073	0.009
2#	0.080	0.049	0.010
3#	0.107	0.089	0.008
4#	0.087	0.058	0.006
5#	0.063	0.055	0.004
6#	0.132	0.094	0.013
7#	0.068	0.036	0.010

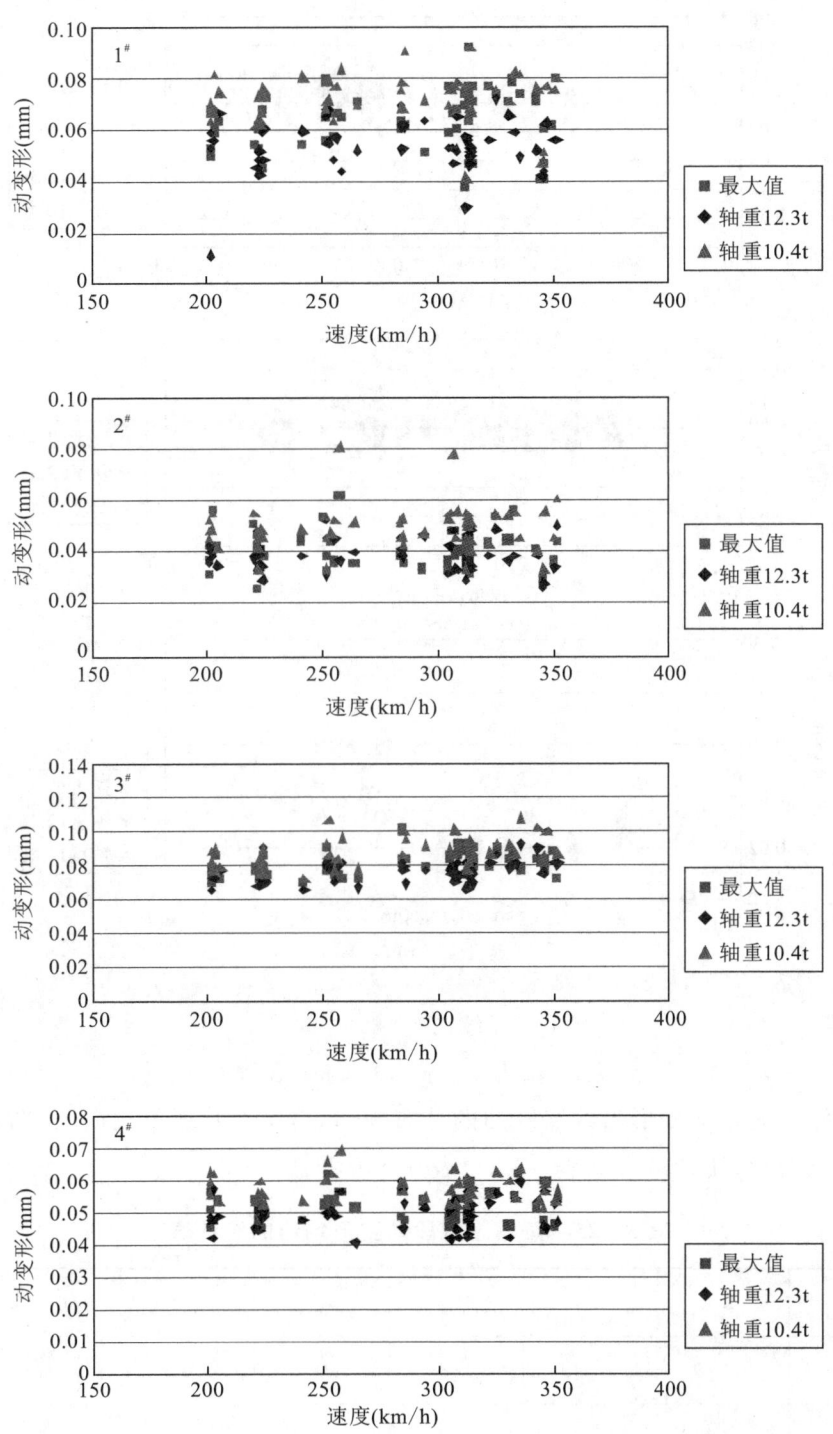

图 5-29 路涵过渡段动变形随车速及轴重的变化

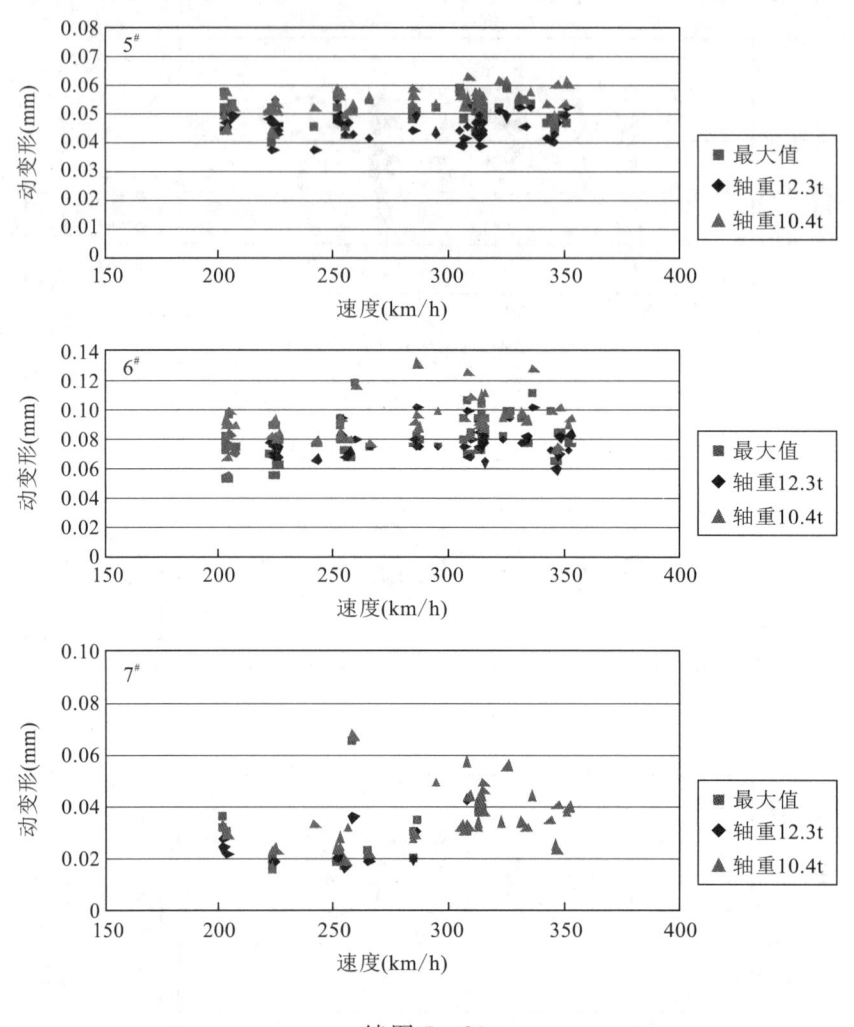

续图 5-29

分析路涵过渡段动变形沿线路纵向的分布规律,对所有数据及反向、正向运行对各测点动变形进行对比,统计结果见表 5-25、表 5-26 和图 5-30。

表 5-25 路涵过渡段动变形均值的统计表 （单位:mm）

测点号	1#	2#	3#	4#	5#	6#	7#
所有数据	0.073	0.049	0.089	0.058	0.055	0.094	0.036
正向运行	0.073	0.048	0.089	0.056	0.054	0.092	0.033
反向运行	0.073	0.050	0.088	0.060	0.056	0.096	0.038

第五章 不同结构无砟轨道过渡段动力性能数值分析

表 5-26 路涵过渡段动变形最大值的统计表 （单位：mm）

测点号	1#	2#	3#	4#	5#	6#	7#
所有数据	0.092	0.080	0.107	0.087	0.063	0.132	0.068
正向运行	0.084	0.074	0.107	0.071	0.062	0.132	0.056
反向运行	0.092	0.080	0.106	0.087	0.063	0.126	0.068

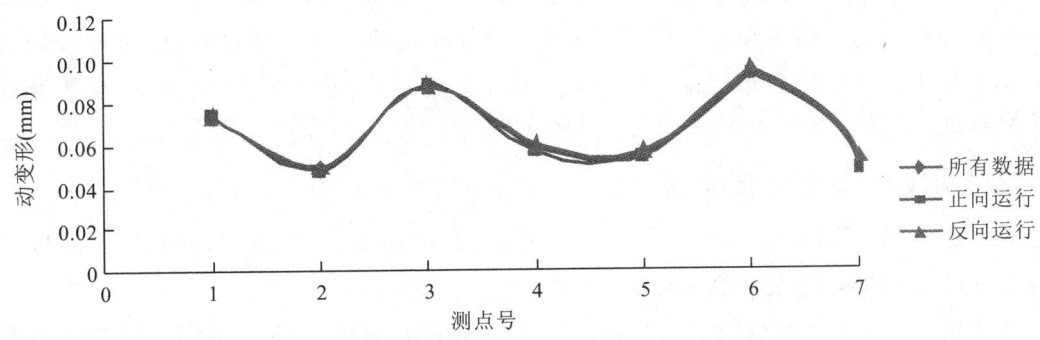

图 5-30 路涵过渡段动变形均值的纵向分布

过渡段各测点动变形均值变化范围 0.03～0.10mm，相对于基床和路桥过渡段，其动变形值较大。

4. 动变形综合分析

分析试验数据得出，随着车速的提高，动变形值增大。动变形随轴重增大而增加。由于受到列车冲击作用及轨道结构振动特性的影响，动车组通过时最大动变形值不一定发生在轴重最大的轮轨下。路基及过渡段基床表层顶面动变形小于计算得出限值，在列车动荷载作用下不会产生累积变形（杨广庆，2000；地基处理手册编写组，1993；龚晓南，2003；赵维炳和施建勇，1996；朱梅生，1989；吴邦颖等，1995；叶书绫，1988；叶书绫等，1994）。

对不同轨道结构形式下路堤和路堑的动变形进行统计，统计结果见表 5-27。

表 5-27 不同轨道结构动变形统计结果

轨道结构形式	Rheda 2000		CRTS I 型双块式		CRTS I 型板式		CRTS II 型板式
	路堤	路堑	路堤	路堑	路堤	路堑	路堤
均值(mm)	0.067	0.063	0.062	0.057	0.045	0.044	0.068
最大值(mm)	0.082	0.076	0.078	0.096	0.073	0.059	0.082

通过均值对比发现,不同轨道结构下路堤动变形相差不大;各种轨道结构下路堤动变形要稍大于路堑。

路桥过渡段实测动变形值较小,动变形沿线路纵向变化较小,整体上由桥台至路基方向逐渐增大,说明过渡段刚度较均匀,过渡效果良好。虽然不同轨道结构下相同位置所测动变形值略有不同,但都呈现出随着桥台距离的增加,动变形逐渐增大的趋势。

5.3.3 振动加速度分析

振动加速度分析包括路基、过渡段和道岔区的振动加速度分析。路基主要分析加速度的幅值水平及其沿横向和深度的分布规律,过渡段主要分析路桥、路涵的过渡段加速度幅值水平及其沿纵向的分布规律,道岔区主要分析路基表面加速度幅值水平及其沿纵向的分布规律。

1. 基床振动加速度分析

本研究测试了 Rheda 2000、CRTSⅠ型双块式、CRTSⅠ型板式和 CRTSⅡ型板式轨道结构下路堤和路堑的振动加速度。

(1)Rheda 2000 轨道结构下基床振动加速度分析。路堤振动加速度测试布置在路肩内侧表面、路肩内侧 0.4m 深、路肩内侧 3m 深、路肩外侧表面、路肩外侧 0.4m 深、坡脚、距轨道中心 15m 和距轨道中心 30m 处。各测点振动加速度随车速及轴重的变化如图 5-31 所示。

振动加速度统计见表 5-28,振动加速度随着车速的提高而增大,随轴重的增大而变化的趋势不明显。

Rheda 2000 轨道结构下路堑的位置主要测试路肩内侧表面的振动加速度,共设置两个测点,编号为测点 1 和测点 2。各测点振动加速度随车速及轴重的变化如图 5-32 所示。

路堑基床振动加速度统计结果见表 5-29,路肩内侧表面测点 1 振动加速度的最大值约 $2.4m/s^2$,均值约为 $1.1m/s^2$;路肩内侧表面测点 2 振动加速度的最大值约 $3.7m/s^2$,均值约 $1.4m/s^2$。振动加速度随着车速增长而变化的趋势不明显,随轴重的增大而增加。

(2)CRTSⅠ型板式结构下基床振动加速度分析。路堤振动加速度测试布置在底座表面、路肩内侧表面、路肩内侧 0.4m 深、路肩内侧 3m 深、路肩外侧表面、路肩外侧 0.4m 深、坡脚、距轨道中心 15m 和距轨道中心 30m 处。各测点振动加速度随车速及轴重的变化如图 5-33 所示。

振动加速度统计结果如表 5-30。振动加速度随着车速及轴重增长而变化的趋势不明显。

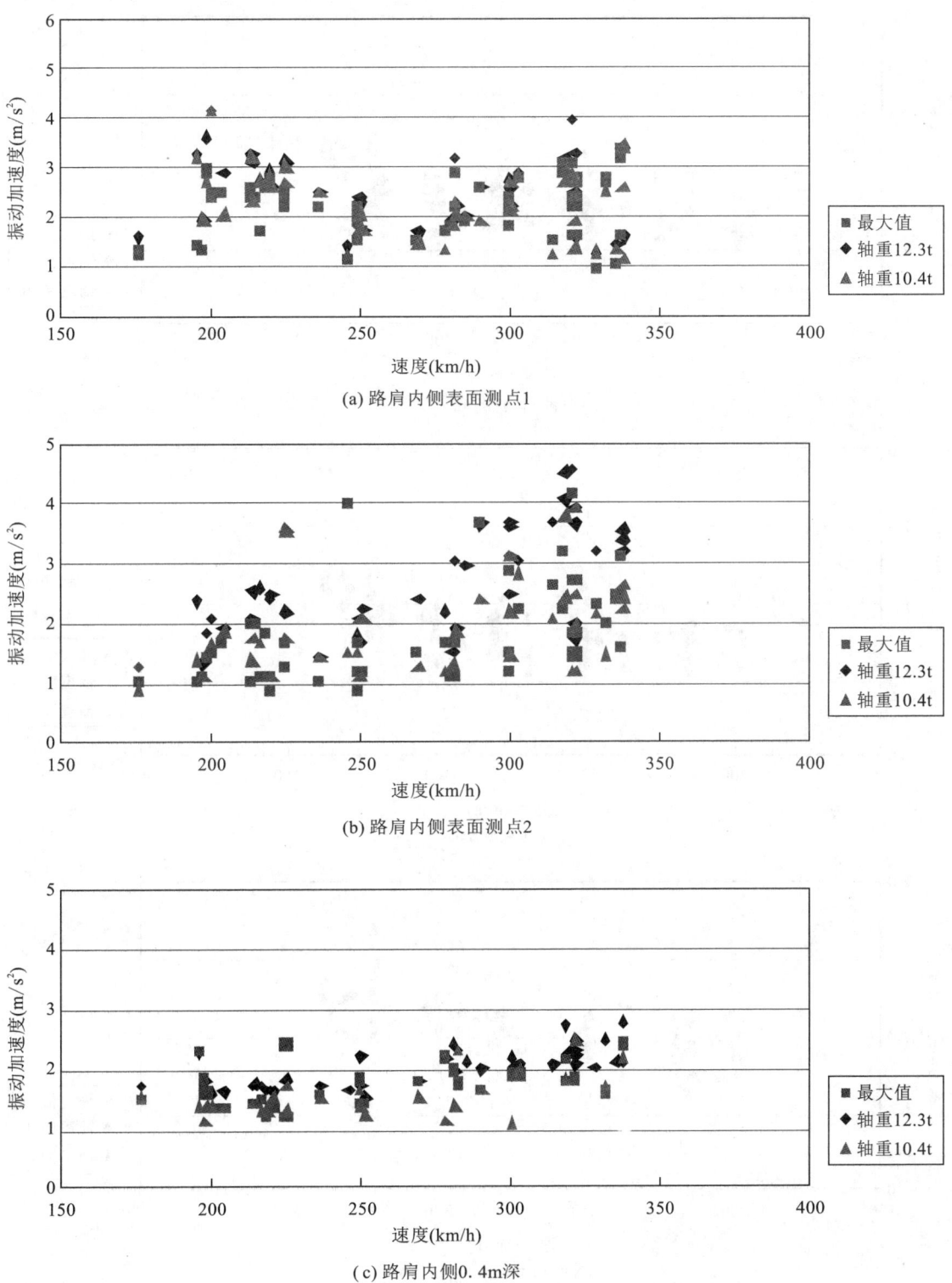

图 5-31 Rheda 2000 轨道结构下路堤振动加速度随车速及轴重的变化

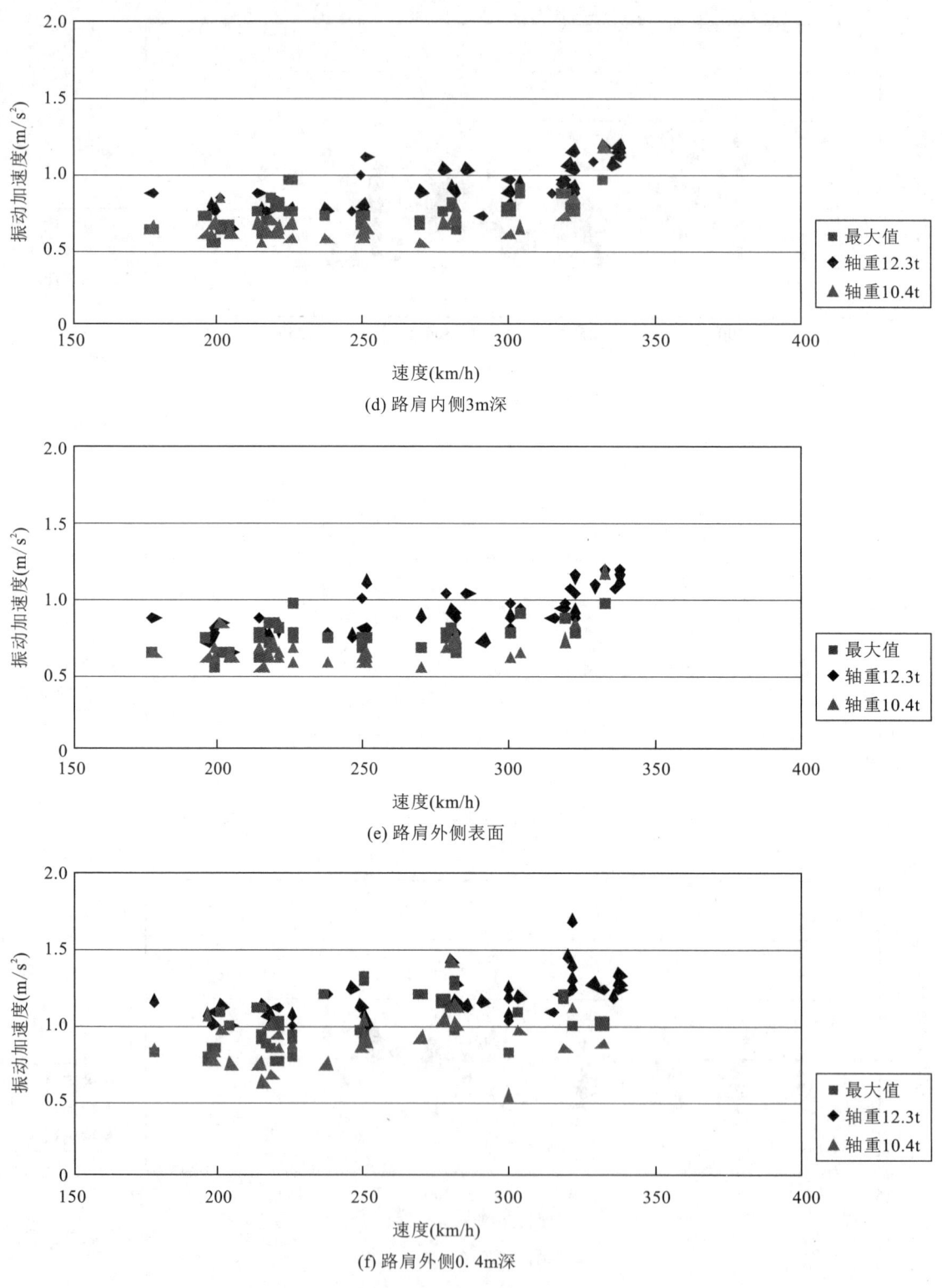

(d) 路肩内侧3m深

(e) 路肩外侧表面

(f) 路肩外侧0.4m深

续图 5-31

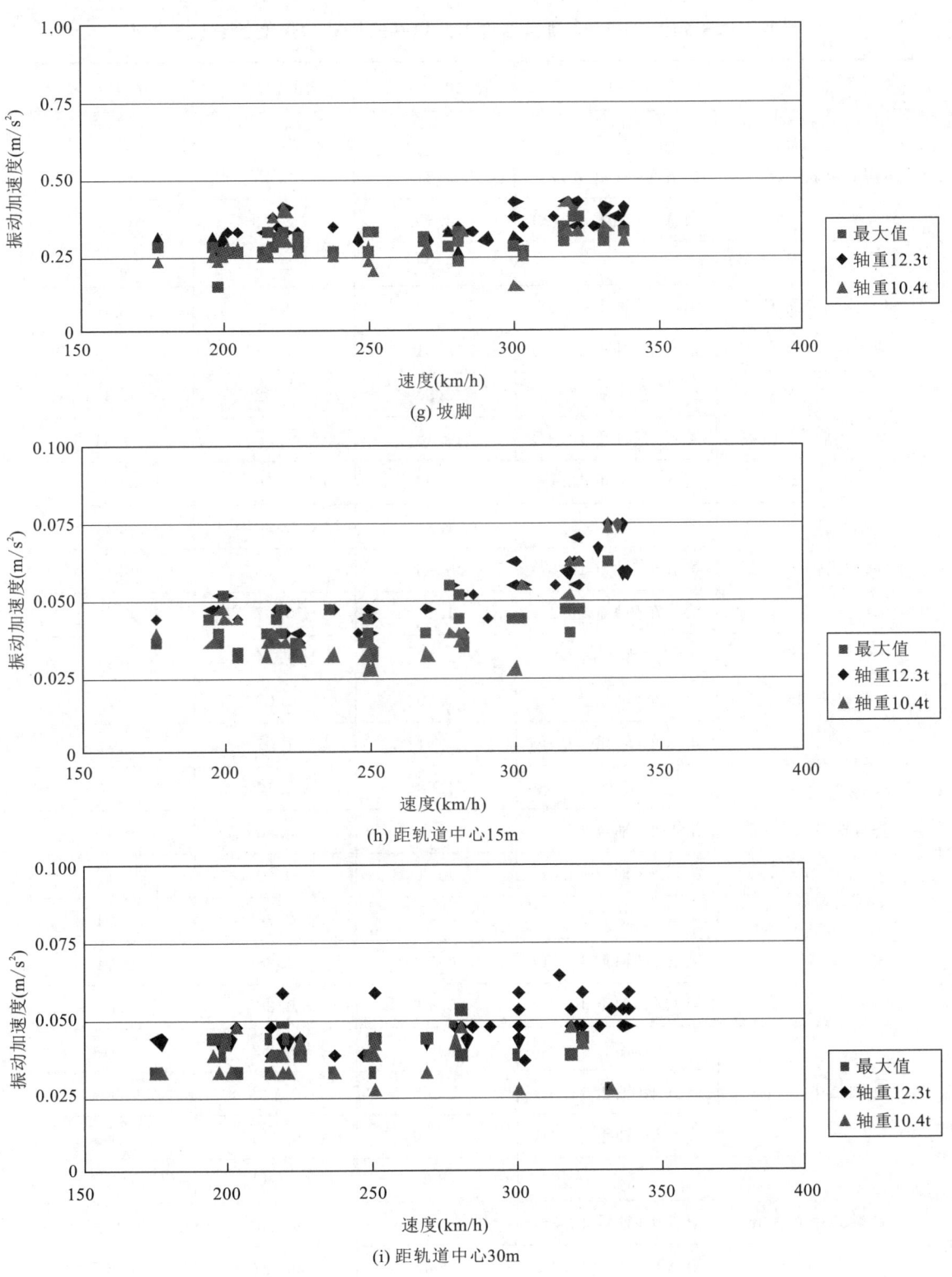

(g) 坡脚

(h) 距轨道中心15m

(i) 距轨道中心30m

续图 5-31

表 5-28 Rheda 2000 轨道结构下路堤基床振动加速度的统计表

测点位置	车辆位置	最大值(m/s^2)	均值(m/s^2)	均方差(m/s^2)
路肩内侧表面测点 1	整车	4.15	2.48	0.73
	第五车(轴重 12.3t)	3.37	2.13	0.63
	第八车(轴重 10.4t)	4.15	2.21	0.69
路肩内侧表面测点 2	整车	6.03	2.73	1.06
	第五车(轴重 12.3t)	2.49	2.00	0.27
	第八车(轴重 10.4t)	2.51	1.56	0.34
路肩内侧 0.4m 深	整车	2.80	2.02	0.32
	第五车(轴重 12.3t)	4.18	1.81	0.84
	第八车(轴重 10.4t)	3.93	1.86	0.75
路肩内侧 3m 深	整车	1.17	0.90	0.14
	第五车(轴重 12.3t)	0.96	0.73	0.10
	第八车(轴重 10.4t)	1.17	0.67	0.12
路肩外侧表面	整车	1.78	1.24	0.24
	第五车(轴重 12.3t)	1.59	1.09	0.22
	第八车(轴重 10.4t)	1.61	1.07	0.23
路肩外侧 0.4m 深	整车	1.68	1.17	0.13
	第五车(轴重 12.3t)	1.29	0.98	0.16
	第八车(轴重 10.4t)	1.41	0.89	0.17
坡脚	整车	0.42	0.34	0.04
	第五车(轴重 12.3t)	0.37	0.28	0.04
	第八车(轴重 10.4t)	0.42	0.28	0.06
距轨道中心 15m	整车	0.075	0.052	0.014
	第五车(轴重 12.3t)	0.063	0.042	0.007
	第八车(轴重 10.4t)	0.075	0.040	0.011
距轨道中心 30m	整车	0.069	0.047	0.007
	第五车(轴重 12.3t)	0.053	0.039	0.006
	第八车(轴重 10.4t)	0.048	0.037	0.007

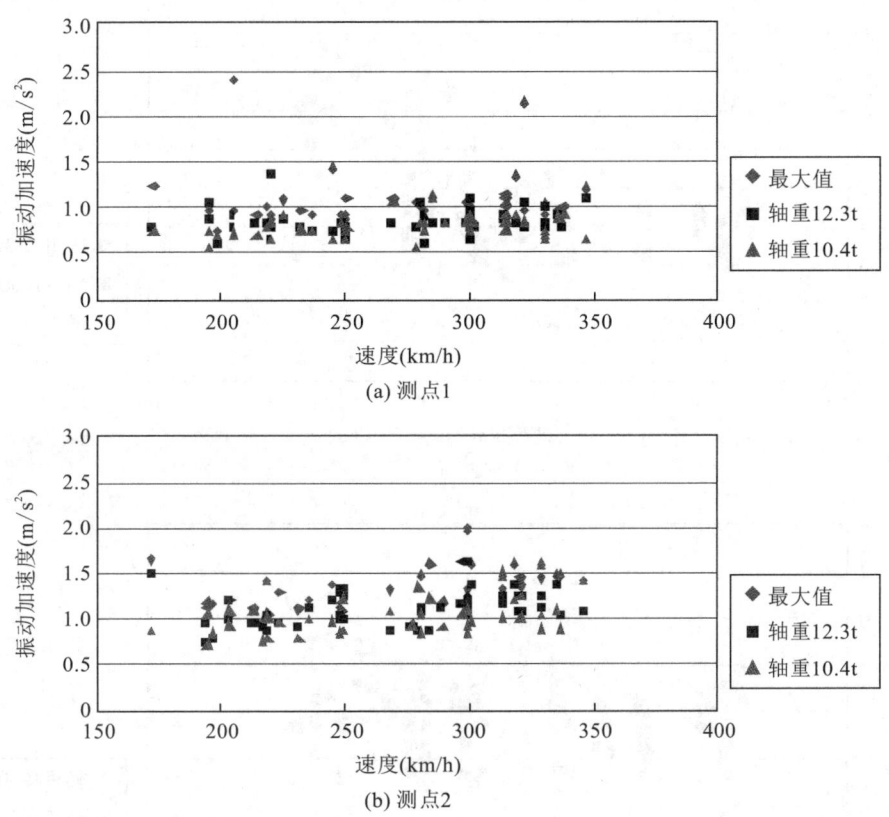

图 5-32 Rheda 2000 轨道结构下路堑振动加速度随车速及轴重的变化

表 5-29 Rheda 2000 轨道结构下路堑基床振动加速度的统计表

测点位置	车辆位置	最大值(m/s²)	均值(m/s²)	均方差(m/s²)
路肩内侧表面测点1	整车	2.39	1.06	0.30
	第五车(轴重12.3t)	1.36	0.87	0.14
	第八车(轴重10.4t)	1.13	0.81	0.12
路肩内侧表面测点2	整车	3.66	1.44	0.57
	第五车(轴重12.3t)	3.66	1.24	0.69
	第八车(轴重10.4t)	1.51	1.08	0.20

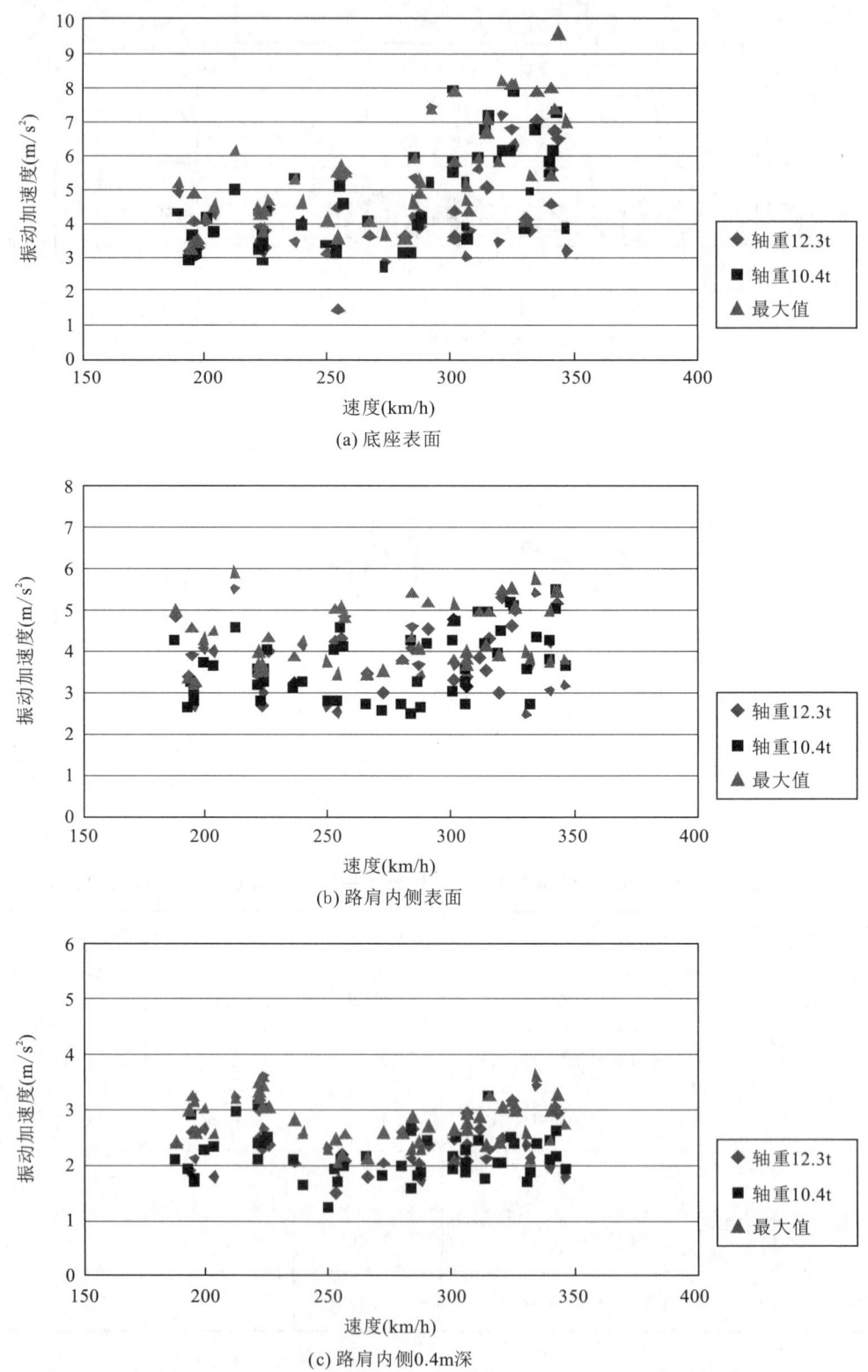

图 5-33 CRTS I 型板式路堤振动加速度随车速及轴重的变化

第五章 不同结构无砟轨道过渡段动力性能数值分析

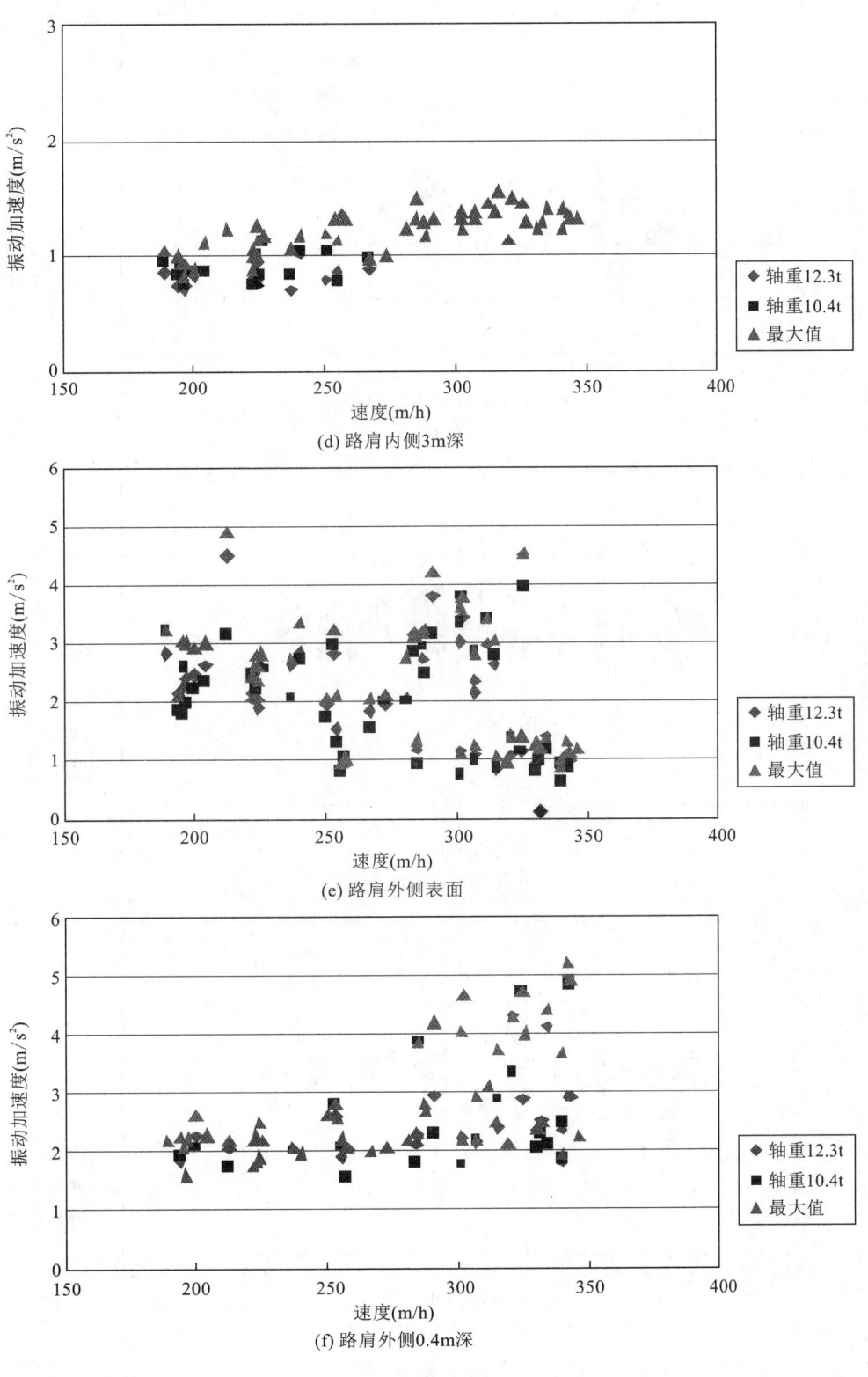

(d) 路肩内侧3m深

(e) 路肩外侧表面

(f) 路肩外侧0.4m深

续图 5-33

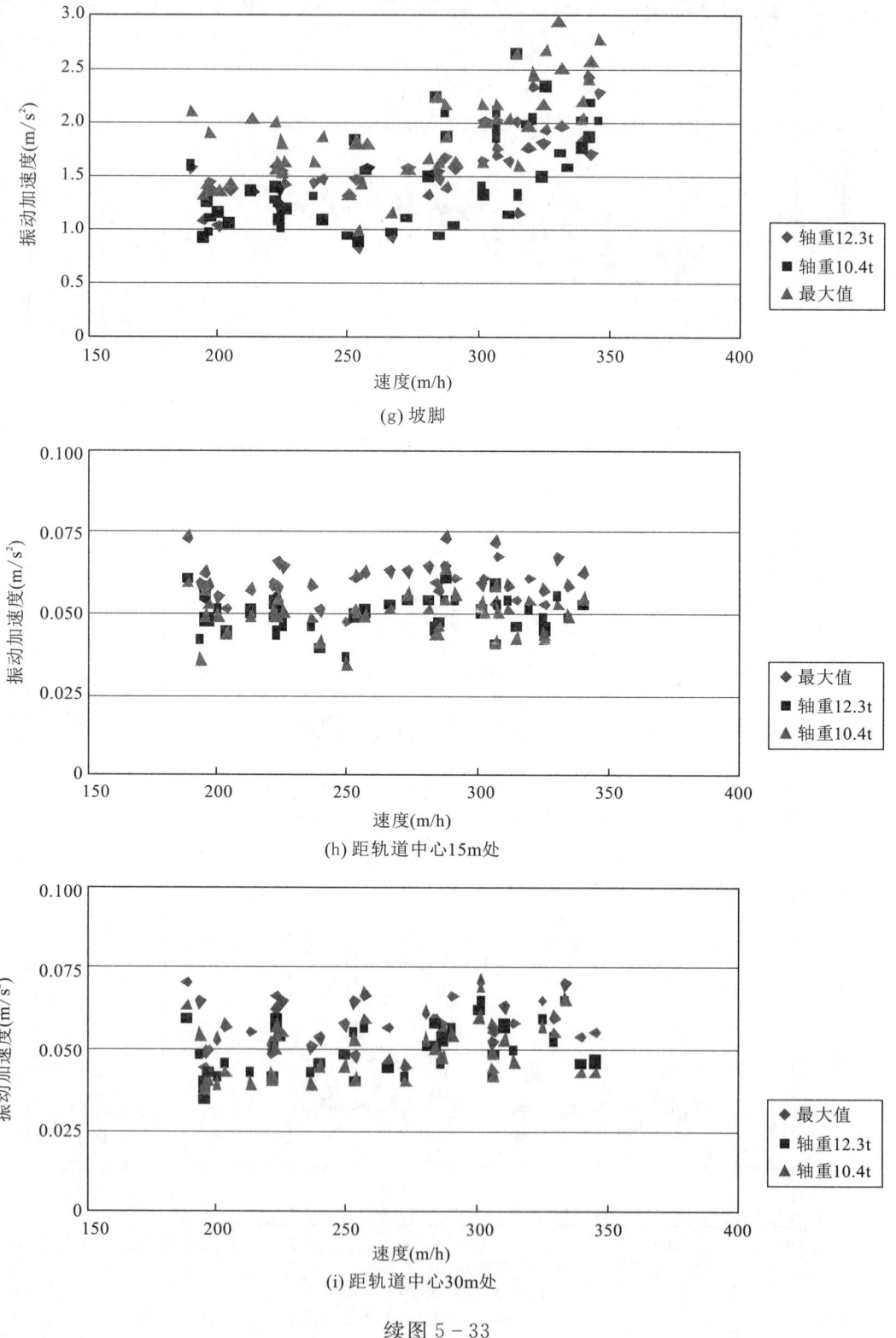

续图 5-33

表 5-30 CRTS I 型板式路堤基床振动加速度的统计表

测点位置	车辆位置	最大值(m/s²)	均值(m/s²)	均方差(m/s²)
底座表面	整车	9.60	5.43	1.52
	第五车(轴重12.3t)	7.39	4.35	1.27
	第八车(轴重10.4t)	7.94	4.66	1.38
路肩内侧表面	整车	5.90	4.32	0.74
	第五车(轴重12.3t)	5.50	3.82	0.81
	第八车(轴重10.4t)	5.45	3.69	0.79
路肩内侧0.4m深	整车	3.64	2.80	0.41
	第五车(轴重12.3t)	3.59	2.39	0.47
	第八车(轴重10.4t)	3.26	2.17	0.41
路肩内侧3m深	整车	1.56	1.23	0.17
	第五车(轴重12.3t)	1.15	0.84	0.11
	第八车(轴重10.4t)	1.15	0.91	0.11
路肩外侧表面	整车	4.91	2.41	1.02
	第五车(轴重12.3t)	4.55	2.11	0.96
	第八车(轴重10.4t)	3.98	2.08	0.91
路肩外侧0.4m深	整车	5.24	2.78	0.94
	第五车(轴重12.3t)	4.28	2.50	0.65
	第八车(轴重10.4t)	4.93	2.61	1.05
坡脚	整车	3.50	1.94	0.50
	第五车(轴重12.3t)	3.50	1.63	0.44
	第八车(轴重10.4t)	2.71	1.52	0.48
距轨道中心15m	整车	0.073	0.060	0.006
	第五车(轴重12.3t)	0.060	0.050	0.005
	第八车(轴重10.4t)	0.060	0.050	0.005
距轨道中心30m	整车	0.071	0.058	0.007
	第五车(轴重12.3t)	0.065	0.049	0.008
	第八车(轴重10.4t)	0.069	0.049	0.008

CRTS Ⅰ型板式结构下路堑的位置主要测试路肩内侧表面的振动加速度,共设置两个测点,编号为测点1和测点2。各测点的振动加速度随车速及轴重的变化如图5-34所示。

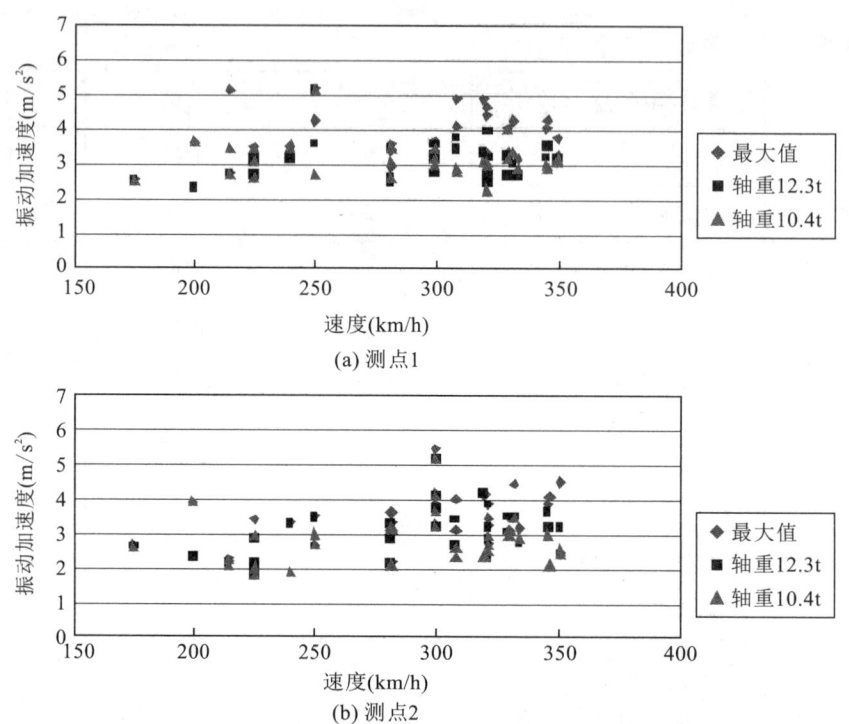

图5-34　CRTS Ⅰ型板式路堑振动加速度随车速及轴重的变化

路堑基床振动加速度统计见表5-31,振动加速度随着车速及轴重增长的变化趋势不明显。

表5-31　CRTS Ⅰ型板式路堑基床振动加速度的统计表

测点位置	车辆位置	最大值(m/s^2)	均值(m/s^2)	均方差(m/s^2)
路肩内侧表面测点1	整车	5.20	3.75	0.70
	第五车(轴重12.3t)	5.12	3.11	0.53
	第八车(轴重10.4t)	5.12	3.13	0.50
路肩内侧表面测点2	整车	5.41	3.46	0.89
	第五车(轴重12.3t)	5.15	3.13	0.84
	第八车(轴重10.4t)	5.15	2.89	0.79

2. 路桥过渡段振动加速度分析

CRTS I 型板式轨道结构下路桥过渡段共设置 3 个加速度传感器,分别在从桥台到路基方向的第 1 个、第 5 个和第 18 个钢轨支点,编号为 $1^{\#}$、$2^{\#}$ 和 $3^{\#}$,动车组以不同速度通过时各测点加速度随车速的变化如图 5-35 所示。

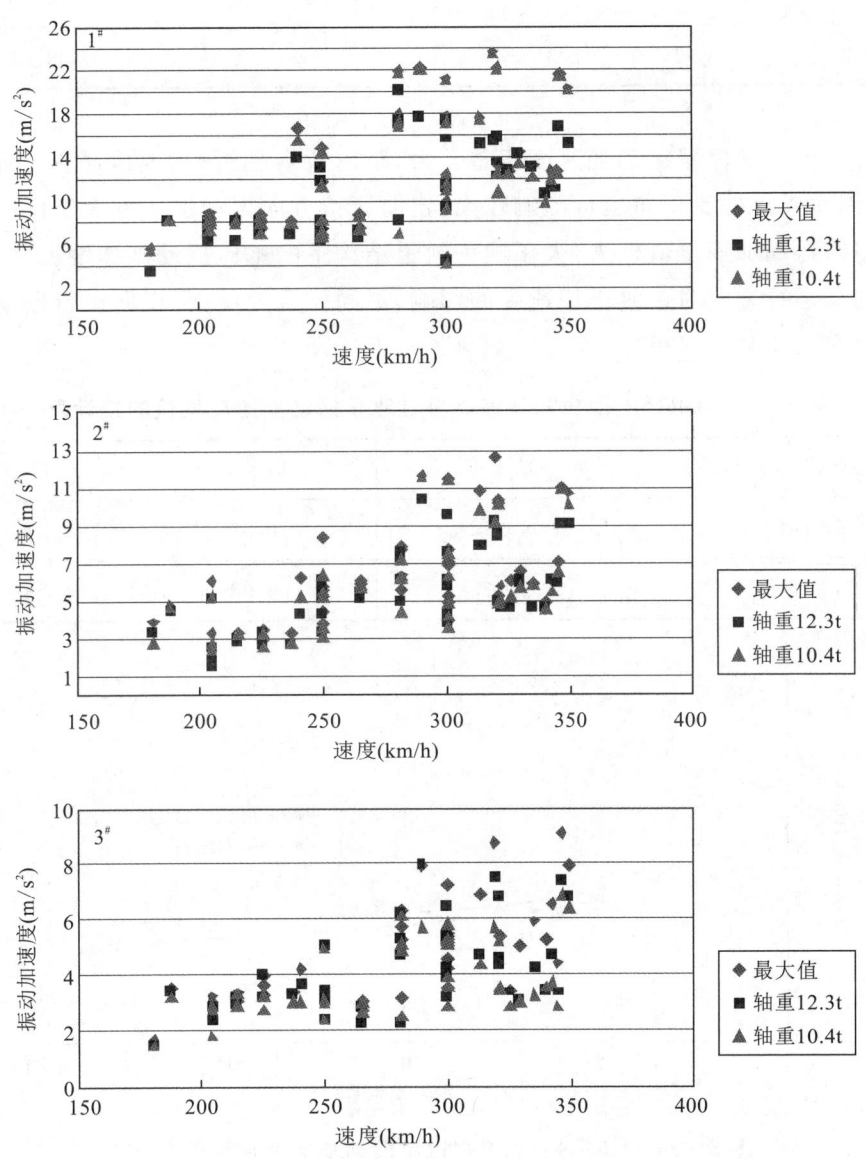

图 5-35 CRTS I 型板式轨道路桥过渡段振动加速度随车速及轴重的变化

路桥过渡段振动加速度统计结果见表 5-32,振动加速度随着车速的提高呈增大趋势。

表5-32　CRTSⅠ型板式轨道路桥过渡段振动加速度的统计表

测点号	最大值(m/s²)	均值(m/s²)	均方差(m/s²)
1#	23.60	12.53	5.47
2#	12.52	6.23	2.70
3#	9.03	4.61	1.82

路桥过渡段不同位置振动加速度相差较大,距离桥台越近,加速度越大。距桥台第1个、第5个钢轨支点处受正向运行影响较大,正向运行方向振动加速度大于反向运行。路桥过渡段整体振动加速度值较大,大于同种轨道结构下的基床振动加速度。

分析列车运行方向对过渡段加速度的影响,不同位置处反向、正向运行振动加速度统计结果见表5-33、图5-36。

表5-33　CRTSⅠ型板式轨道路桥过渡段振动加速度均值的统计表　(单位:m/s²)

距桥台钢轨支点数	第1个	第5个	第18个
正向运行	14.12	6.51	5.05
反向运行	10.82	5.98	4.18

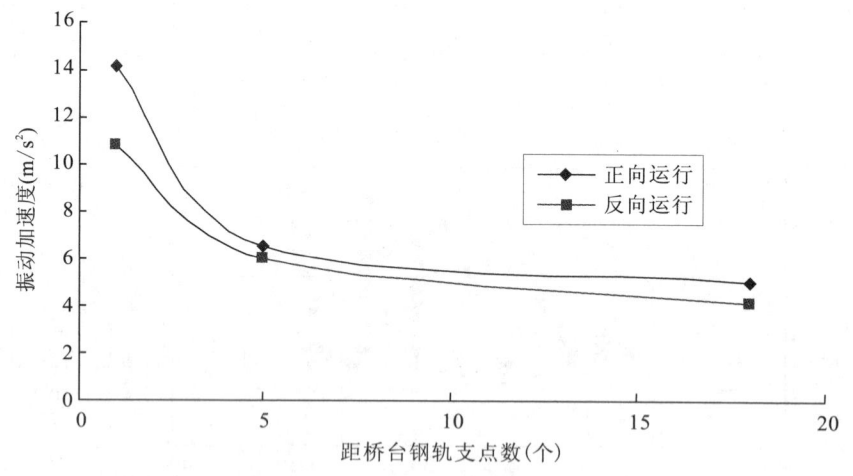

图5-36　CRTSⅠ型板式过渡段动加速度均值的分布

3. 路涵过渡段振动加速度分析

CRTSⅠ型板式轨道结构下路涵过渡段共设置3个加速度传感器,分别在两个涵洞顶和与涵洞等距的路基表面。从大里程到小里程编号为1#、2#和3#,动车组以不同速度通过时各测点加速度随车速的变化如图5-37所示。

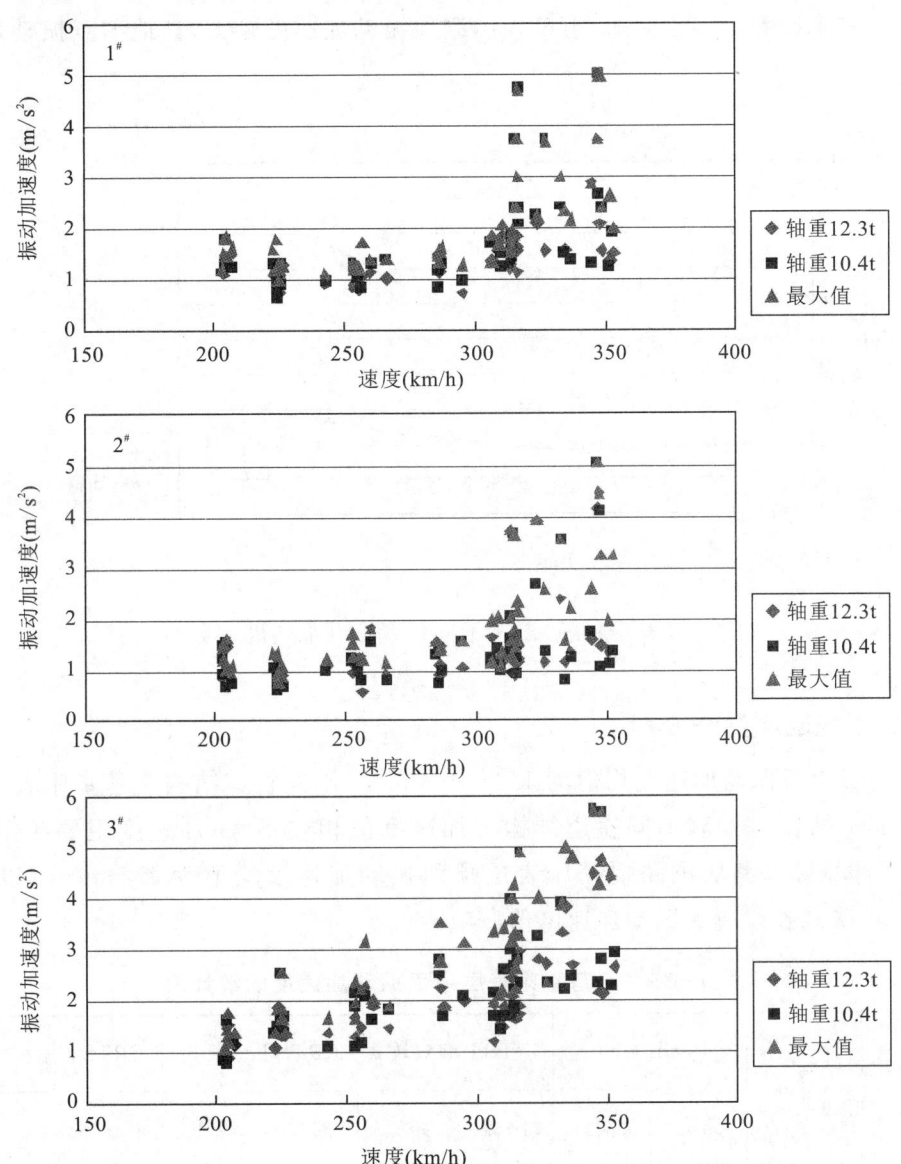

图 5-37 CRTS I 型板式轨道路涵过渡段振动加速度随车速及轴重的变化

振动加速度统计结果见表 5-34,振动加速度随着车速的提高呈增大趋势。

表 5-34 桥涵过渡段振动加速度的统计表

测点位置	最大值(m/s²)	均值(m/s²)	均方差(m/s²)
1#	4.97	1.96	0.87
2#	5.05	1.85	0.96
3#	8.57	2.96	1.56

由表 5-34 和图 5-38 可知,小里程涵洞顶振动加速度较大,其他测点振动加速度基本相同。

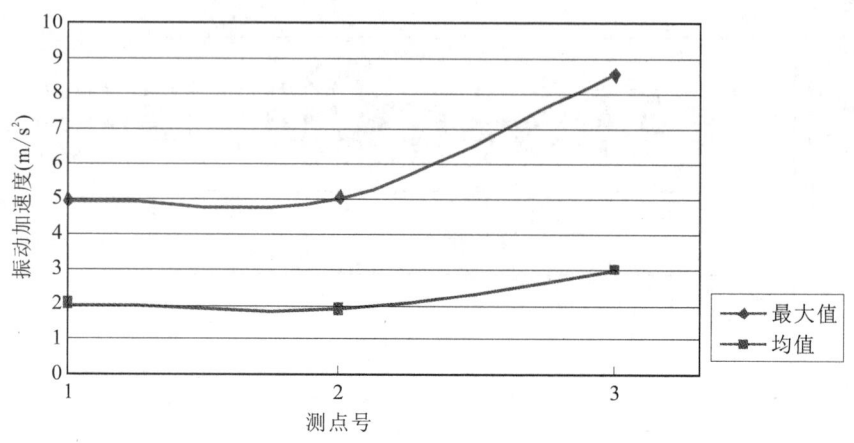

图 5-38　路涵过渡段不同位置振动加速度的分布

4. 振动加速度综合分析

基床表层顶面振动加速度均值为 $1.4\sim4.4\mathrm{m/s^2}$,不同轨道结构路基基床表层顶面振动加速度统计见表 5-35,不同轨道结构下加速度值相差不大;加速度主要频率为 $60\sim100\mathrm{Hz}$。京津城际铁路所测路堤基床表层顶面振动加速度均值为 $1.53\mathrm{m/s^2}$ 和 $2.59\mathrm{m/s^2}$,稍小于武汉试验段所测振动加速度值。

表 5-35　路基基床表层顶面振动加速度的统计表

轨道结构形式	Rheda 2000		CRTS Ⅰ型双块式		CRTS Ⅰ型板式		CRTS Ⅱ型板式
	路堤	路堑	路堤	路堑	路堤	路堑	路堤
均值(mm)	2.73	1.44	3.80	4.08	4.32	3.75	3.08

分析试验数据得出,振动加速度随速度的提高而有增大的趋势,数据具有一定的相关性。同一列车随轴重的增大,振动加速度有所增加;列车运行方向对振动加速度有一定的影响,对于具体测点,有的正向运行时振动加速度大于反向运行,有的正向运行时振动加速度小于反向运行,桥端处列车运行方向对振动加速度影响较大。

对横向各测点加速度值进行归一化处理,结果见图 5-39。

第五章 不同结构无砟轨道过渡段动力性能数值分析

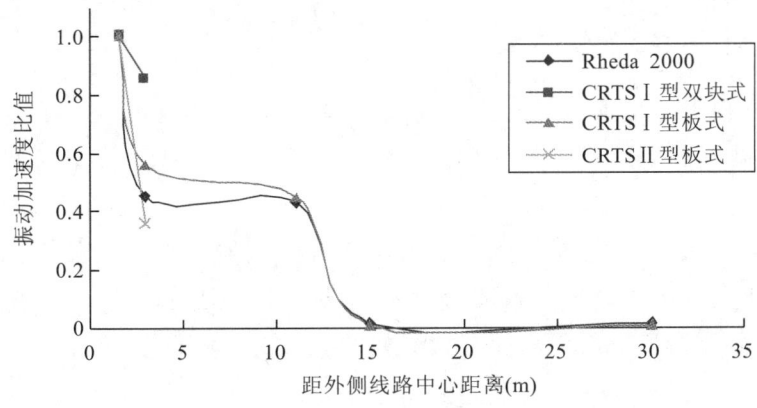

图 5-39 加速度沿横向的分布

5.4 数值分析

Vucetic 汇总的临界体积效应剪应变与模量比之间的关系如图 5-40 所示,当实际应变小于临界体积效应剪应变时,路基在动荷载作用下不产生累积变形。对于武广客运专线试验段基床底层路基填料而言,可取应变限值为 0.01%。根据该限值,对各测试断面允许的动应力和动变形的限值汇总如图 5-40 所示。

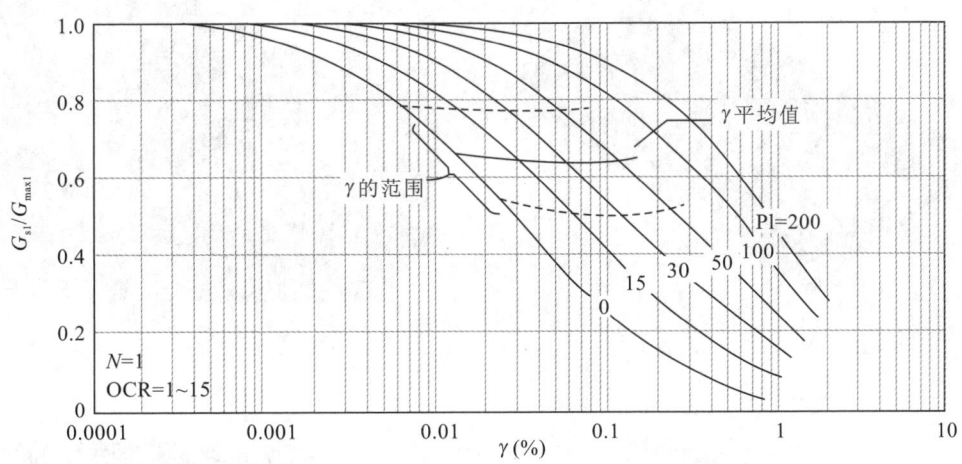

图 5-40 临界体积效应剪应变与模量比的关系

武汉试验段实车运行试验路基测试了 12 个断面,包括 Rheda 2000 型无砟轨道(路堤、路堑、路桥过渡段)、CRTS Ⅰ型双块式轨道(路堤、路堑、路桥过渡段)、CRTS Ⅰ型板式(路堤、路堑、路桥过渡段、路涵过渡段)、CRTS Ⅱ型板式轨道和道岔区等。基于现场实测,采用 ABAQUS 有限元软件对试验段测试断面路基在 350km/h 动车组作用下的路基动应力、动变形与剪应变变化特性进行数值分析,并按照无砟轨道基床结构控制基床底层应变准则,对允许动应力和动变形进行了探讨,以期有助于无砟轨道结构路基工作机理的研究。

5.4.1 计算模型与参数

模型主要几何尺寸根据测试断面实际尺寸建立,路基总高度取 5.2m。模型中,钢轨采用 8 节点实体减缩积分单元,扣件系统由弹簧和阻尼器单元模拟,轨道板、砂浆填充层、支承层和路基均采用 8 节点实体减缩积分单元,轨道板以下各层间的滑动相对很小,各结构间建立变形协调关系,在路基的两个横断面和底面施加三维一致黏弹性人工边界以确保计算精度基础上缩小计算量。各结构均采用线弹性本构关系,列车动荷载采用荷载移动方法实现,有限元模型横断面和网格划分如图 5-41~图 5-47。

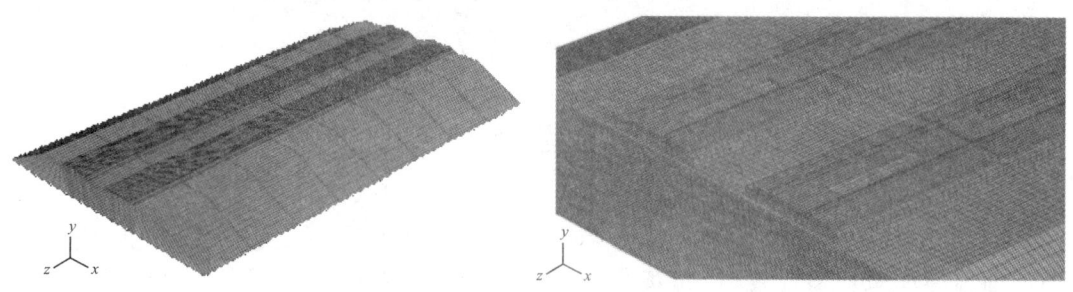

图 5-41 CRTS I 型板式无砟轨道路基有限元模型

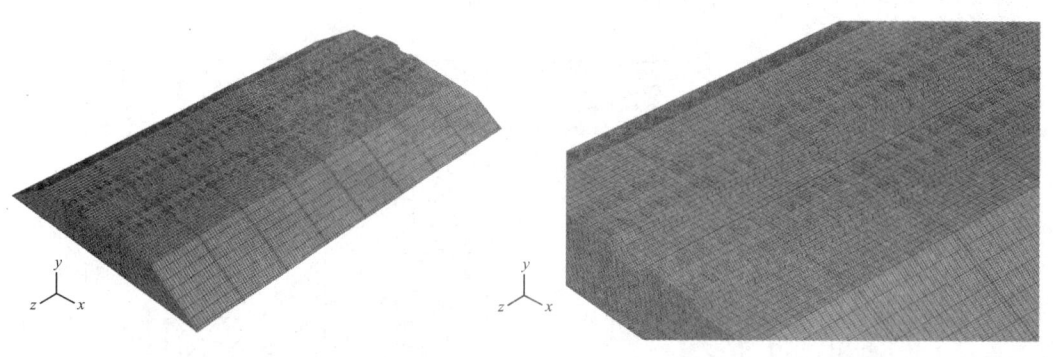

图 5-42 Rheda 2000 型无砟轨道路基有限元模型　　图 5-43 CRTS I 型双块式无砟轨道路基有限元模型

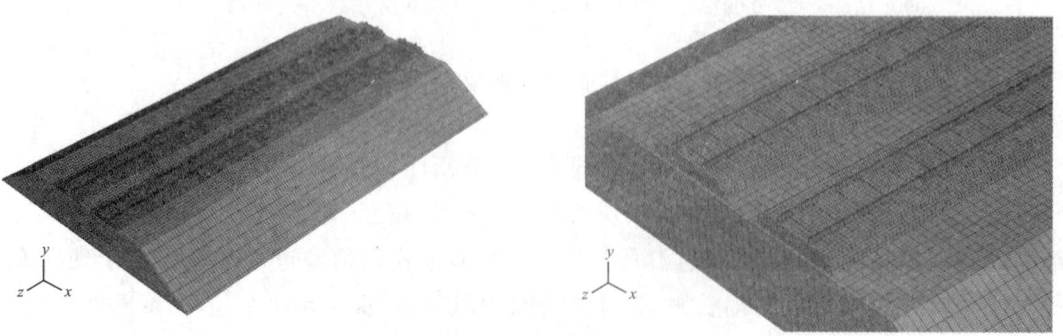

图 5-44 道岔区无砟轨道路基有限元模型

第五章 不同结构无砟轨道过渡段动力性能数值分析

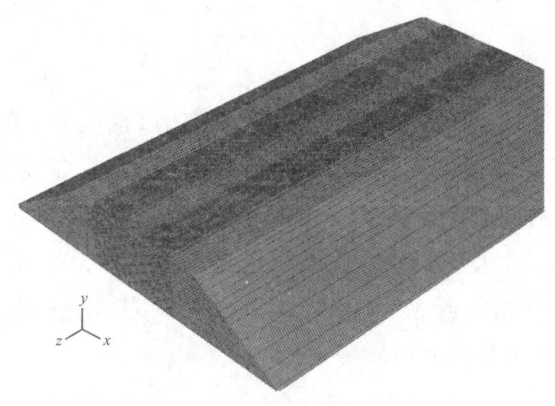

图 5-45　CRTS Ⅱ型板式无砟轨道路基有限元模型

图 5-46　路桥过渡段有限元模型

图 5-47　路基和桥涵过渡段有限元模型

5.4.2 计算结果与分析

在相同轴重荷载条件下,不同轨道形式基床动应力、动变形、剪应变变化不大,CRTS Ⅰ型双块式略大,CRTS Ⅰ型板式略小。动应力、动变形和剪应变随轴重的增大而增加,轴重从10t增大至28t,基床表层动应力从7.2kPa增大至27.7kPa,支承层/底座外侧的动变形从0.068mm增大至0.227mm,基床表层剪应变从0.0018%增大至0.0062%,基床底层剪应变从0.0027%增大至0.0094%。基床动应力、动变形、剪应变随轴重荷载变化典型结果见图5-48~图5-54所示。

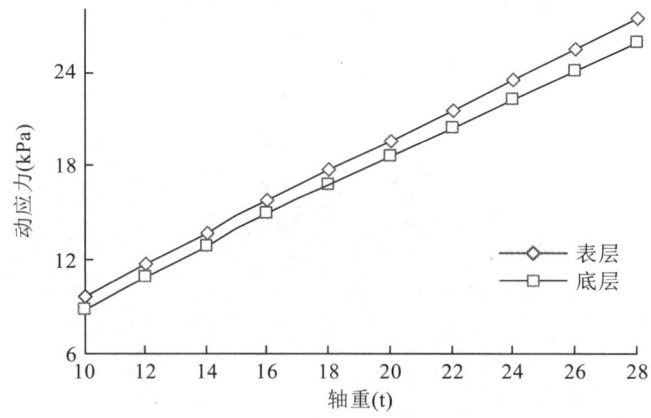

图5-48 Rheda 2000型轨道路堤的路基动应力

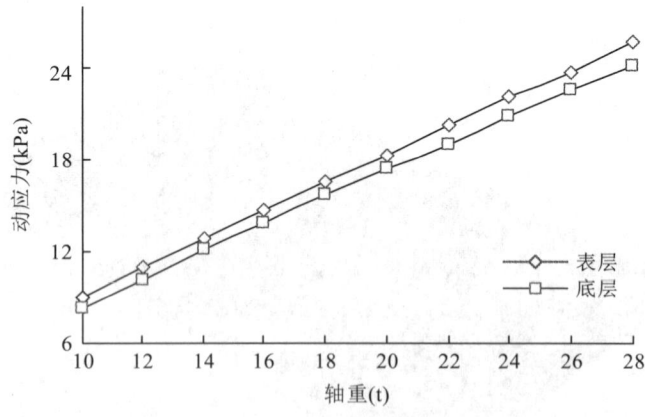

图5-49 Rheda 2000型轨道路堑的路基动应力

当实际应变小于临界体积效应剪应变时,路基在动荷载作用下不产生累积变形,对于武汉试验段基床底层路基填料而言,可取应变限值为0.01%。根据该限值,对各测试断面允许的动应力和动变形的限值汇总如表5-36所示。

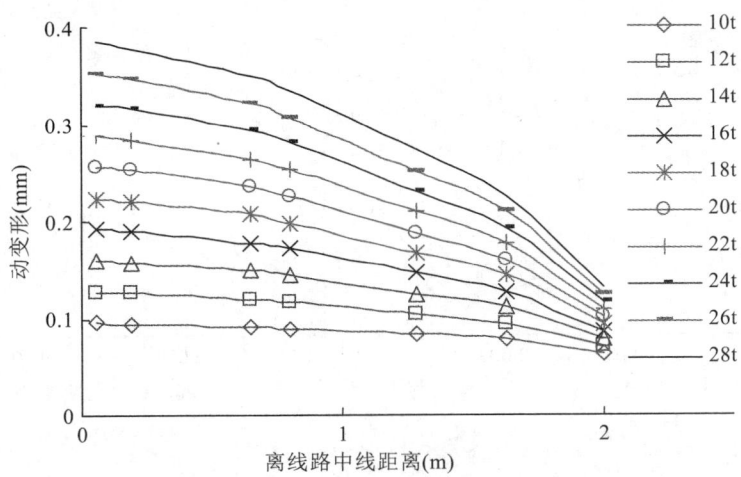

图 5-50　Rheda 2000 型轨道路堤的路基面动变形

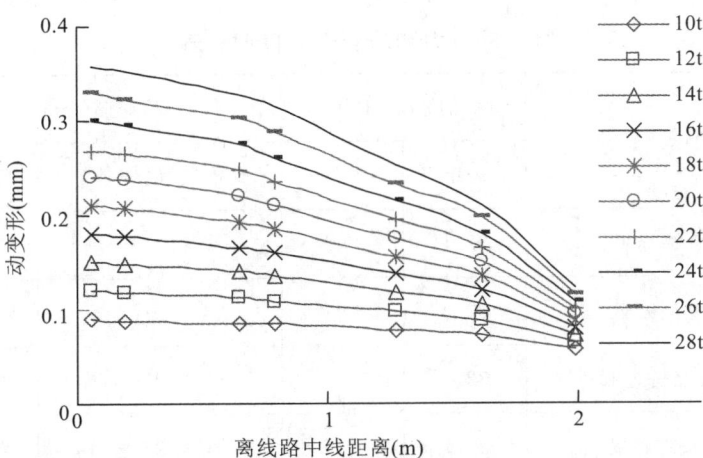

图 5-51　Rheda 2000 型轨道路堑的路基面动变形

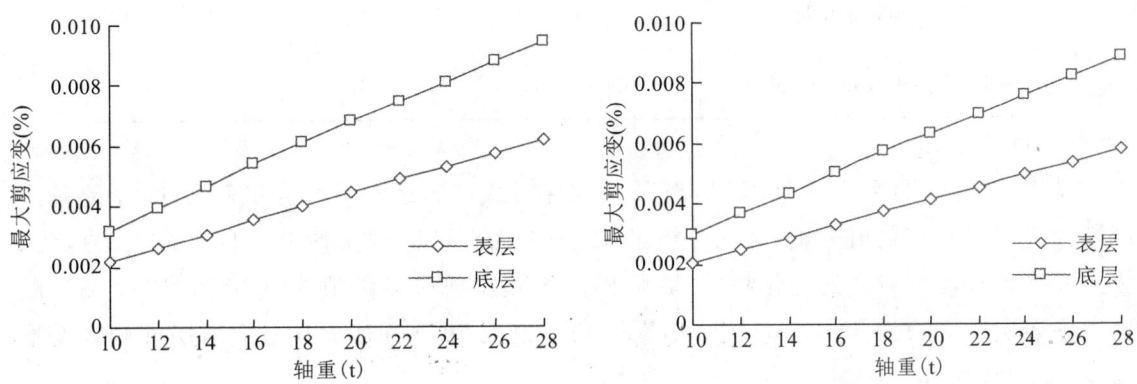

图 5-52　Rheda 2000 型轨道路堤的路基剪应变　　图 5-53　Rheda 2000 型轨道路堑的路基剪应变

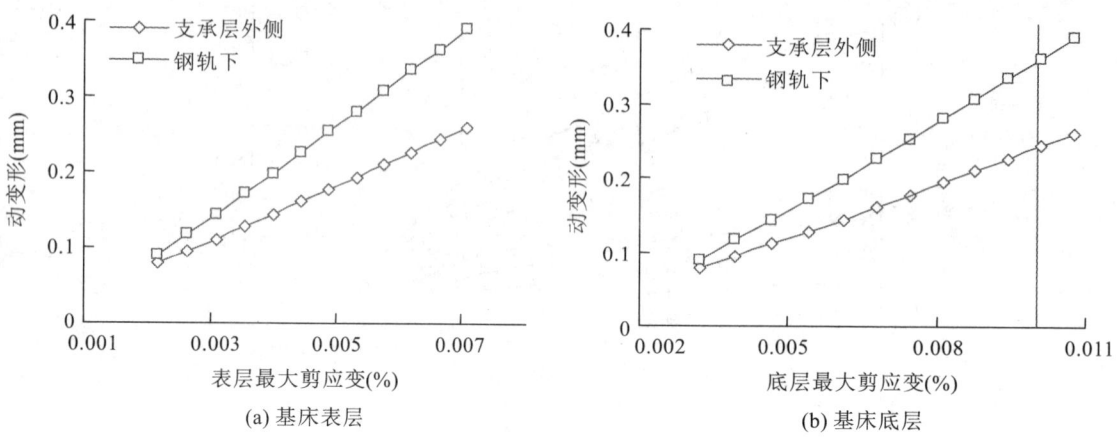

图 5-54 Rheda 2000 型轨道路堤的动变形与剪应变的关系

表 5-36 动应力和动变形限值汇总表

轨道形式	动应力(kPa)		动变形(mm)	
	表层	底层	支承层/底座外侧	钢轨下
Rheda 2000 型路堤	32.1	30.3	0.219	0.326
Rheda 2000 型路堑	32.5	29.8	0.217	0.335
Rheda 2000 型路桥过渡段	32.3	29.5	0.216	0.341
CRTS I 型板式路堤	33.7	31.2	0.225	0.335
CRTS I 型板式路堑	33.1	30.6	0.223	0.332
CRTS I 型板式路桥过渡段	33.7	30.8	0.217	0.381
CRTS I 型板式路涵过渡段	32.5	29.9	0.222	0.323

基于现场实测，采用 ABAQUS 有限元软件对武广客运专线综合试验段 12 个路基测试断面进行了动态数值分析，对比分析了 12 个断面在不同轴重荷载条件下最大动应力、竖向动变形和动剪应变的变化特性，取临界体积效应剪应变限值为 0.01%，12 个测试断面允许表层动应力为 30.8~33.7kPa，底层动应力为 29.5~31.2kPa，支承层外侧动变形为 0.22~0.26mm。

5.5 本章小结

(1)通过测试数据的计算分析表明,为保证临界体积剪应变不超过0.01%,所测试的不同轨道结构和路基形式的12个断面的动应力允许值分别为30.8～33.7kPa,混凝土支承层/底座边缘处动变形允许值分别为0.22～0.26mm。

(2)支承层/底座边缘处测试的路基基床表层顶面动变形均值为0.04～0.07mm,CRTS I型板式轨道动变形最小,其他结构形式动变形相差不大,均小于0.22～0.26mm的限值,动变形不会使路基基床产生累积变形;路堤动变形要稍大于路堑。

(3)路桥过渡段实测动变形均值小于0.06mm,相同轨道结构下过渡段动变形沿纵向差别不大,随着到桥台距离的增加动变形呈逐渐增大的趋势;路涵过渡段实测动变形均值小于0.10mm,不同位置动变形的差别不大;列车荷载下过渡段所产生的动变形不会使路基基床产生累积变形。实测的路基和过渡段的动变形较小,对线路综合刚度的影响不大,过渡段控制的重点是差异沉降。

(4)基床表层顶面振动加速度均值为1.4～4.4m/s^2,不同轨道结构路基基床表层顶面振动加速度值相差不大。

第六章 结 论

通过现场的施工工艺试验，取得了过渡段路基的施工流程、填筑的最佳含水量、不同部位填筑的方式、检测方法等施工成套工艺技术。采用18t碾压机，当虚铺厚度≤25cm时，静压效果好；虚铺厚度＞25cm时，静压与振动的组合碾压效果好。虚铺厚度越大，强振次数应相应增加。而满足各项压实指标的碾压遍数为6～8遍。当虚铺厚度≤25cm时，静压为最佳碾压方式；虚铺厚度25～35cm时，"静压2＋强振1弱振3＋静压2"为最佳碾压方式；虚铺厚度＞35cm时，"静压2＋弱振1强振3＋弱振1强振3＋弱振1强振3"为最佳碾压方式。

通过现场沉降变形的监测，得到满足压实标准级配碎石＋5％的填筑层沉降一般不超过填筑高度的0.19％，其沉降在填筑后2～6个月全部可完成；过渡段A组、B组填筑层沉降一般为填筑高度的0.2％～0.4％，填筑完成6个月后的完成率在80％左右，12～18个月沉降可全部完成。

通过3处试验段实车运行条件的现场动态响应试验，得到过渡段路基的动位移、动加速度、振动速度，及其随车速的变化规律、随线路方向及竖向的分布规律，基床表层动态响应幅值范围见表6-1。动应力幅值小于20kPa，振动加速度幅值小于25m/s^2，振动速度幅值小于11mm/s，振动位移幅值小于0.20mm。

表6-1 基床表层动态响应幅值范围(200～350km/h)

过渡段类型	动应力(kPa)	振动加速度(m/s^2)	振动速度(m/s)	振动位移(mm)
路桥过渡段	1.17～17.69	0.267～8.153	1.971～9.644	0.009～0.138
路涵过渡段	2.61～15.84	0.475～24.817	0.522～9.289	0.001～0.037
隧隧过渡段	1.20～14.41	0.278～13.774	0.007～10.418	0.000 3～0.163

行车实测及仿真计算表明，过渡段首尾动刚度比一般不宜超过2∶1，否则其动力稳定性很难得到保证。路基面动位移随整体刚度增大而减小，两者基本呈线性关系。

通过现场实测、理论仿真计算研究，验证并提出了过渡段路基的变形特征与变形控制技术。

（1）影响过渡段基动态响应的因素有：过渡段路基的动刚度、差异沉降、折角等。在

第六章 结 论

所有对动态响应影响的因素中,除轴重外,差异沉降影响最大,折角影响次之,刚度影响紧跟其后。

(2)在刚度与动态响应方面过渡段倒梯形结构形式优于正梯形,这说明过渡段倒梯形结构形式比正梯形结构形式设计更优。

(3)仿真计算得到过渡段路基刚度控制值:路涵过渡段应不小于136kN/mm,路桥过渡段与桥台相邻路基刚度不小于150kN/mm,路隧过渡段与隧洞门相邻路基刚度不小于150kN/mm。现场实测路桥、路隧、路涵过渡段与构筑物相邻路基刚度为141～181kN/mm。表明现场采用级配碎石+5%水泥填筑的过渡段路基刚度高于理论计算值,在满足压实标准的前提下,可将过渡段路基基床表层以下的级配碎石水泥掺合比由5%优化成3%。

(4)对于350km/h的无砟轨道客运专线,相邻构筑物间路基过短时(如涵涵间路基长小于45m,或桥桥间路基长小于60m,或隧隧间路基长小于55m等),应按密集组合型过渡段路基设计,可通过采用级配碎石掺3%～5%水泥来填筑,使结构物间短路基的刚度不低于140～150kN/mm,否则因动态响应叠加引起轨面动力不平顺,导致车辆质心竖向加速度将大于$1m/s^2$,不满足旅客舒适性的要求。

通过现场试验与测试、理论仿真数值分析,验证与优化了14种一般过渡段的结构形式,补充了15种构筑物间短路基组合过渡段的结构形式与相关技术要求。

参考文献

《地基处理手册》编写组.地基处理手册[M].北京:中国建筑工业出版社,1993.

《工程地质手册》编写委员会.工程地质手册[M].北京:中国建筑工业出版社,1992.

蔡英.高速、重载铁路的若干路基技术问题[J].西南交通大学学报,1991(2):23-26.

蔡英.高速铁路路基的研究[D].成都:西南交通大学,1995:18-21.

陈雪华,律文田,王永和.高速铁路路桥过渡段路基动响应特性研究[J].振动与冲击,2006,25(3):5-65.

陈雪华.高速铁路无砟轨道过渡段路基的动力特性研究[D].长沙:中南大学,2006:5-103.

董亮,张千里,蔡德钩,等.高速重载有砟轨道路基动变形特性的数值分析[J].中国铁道科学,2010,31(2):23-26.

傅代正.高速铁路改良填料路基施工工艺试验研究[J].铁道建筑,2004(3):42-44.

高军,高全臣.桩-土-结构相互作用对桩基组合结构振动控制的影响研究[J].振动工程学报,2011,24(4):421-427.

高军,许国平.350km/h铁路客运专线噪声检测验收与评价探析[J].铁道技术监督,2008,36(12):19-21.

高军.高速铁路的噪声控制方法研究[J].铁道运输与经济,2006,28(10):83-85.

高军.时速350km/h铁路客运专线桥梁设计中应注意的几个方面[J].铁道技术监督.2007,35(3):11-12.

宫全美.铁路路基工程[M].北京:中国铁道出版社,2007.

龚晓南.地基处理技术发展与展望[M].北京:中国水利水电出版社,2004.

何志攀,张可能,许宏武,等.水泥土桩在朔黄铁路路基处理中的应用[J].岩土工程界,2003(10):56-58.

黄晚清,陆阳,罗书学,等.秦沈客运专线路涵过渡段动应力测试与分析[J].西南交通大学学报,2005,40(2):220-223.

交通部第一公路勘察设计院.公路软土地基路堤设计与施工技术规范(TJT017-1996)[S].北京:人民交通出版社,1996.

李献民,常鹏波.路桥过渡段路基速度动力特性试验研究[J].华北水利水电学院学报,2009,30(5):48-52.

李永梅,孙国富,王松涛,等.桩-土-杆系结构的动力相互作用[J].建筑结构学报,2002,23(1):75-81.

李子春.轨道结构垂向荷载传递与路基附加动应力特性的研究[D].北京:铁道部科学研究院,2000:5-20.

梁波,蔡英,罗强,等.土工合成材料在高速铁路桥路过渡段中的应用[J].铁道学报,1999,21(4):78-80.

参考文献

梁波,蔡英.不平顺条件下高速铁路路基的动力分析[J].铁道学报,2009,21(2):84-88.

梁波.高速铁路路基的动力特性及土工合成材料的应用研究[D].成都:西南交通大学,1998:112-115.

刘道前.高速铁路路桥过渡段的处理研究[J].山西建筑,2009,35(19):275-276.

刘景致,杨树春.地基处理与实力分析[M].北京:中国建筑工业出版社,1998.

罗强,蔡英,翟婉明.高速铁路路桥过渡段的动力学性能分析[J].工程力学,1999,16(5):78-80.

罗强,蔡英.高速铁路路桥过渡段变形限值与合理长度研究[J].铁道标准设计,2006,26(6-7):2-4.

马立秋,张国祥.高速铁路涵洞覆土厚度选择的动应力分析[J].路基工程,2006,126(3):47-49.

闫书亮,刘季.组合结构系统的振动控制方法[J].地震工程与工程振动,1989,9(4):60-72.

亓兴军,李小军,李亚琦.桩-土动力相互作用对连续梁桥半主动控制的影响研究[J].振动与冲击,2006,25(5):81-84.

钱仲侯.高速铁路概论[M].北京:中国铁道出版社,1994.

秦敬爱.高速铁路路基的施工质量控制技术研究[J].采矿技术,2007,7(2):101-102.

苏谦,蔡英.高速铁路路基结构空间时变系统耦合动力分析[J].西南交通大学学报,2001,36(5):78-79.

汤贵海.高速铁路路基的设计[J].铁道建筑,2001(2):2-5.

中国铁道科学研究院.时速200km新建铁路线桥隧站设计暂行规定[S].铁道标准设计,1999(4):65-97.

中国铁道科学研究院.新建时速200km客货共线铁路设计暂行规定[S].北京:中国铁道出版社,2005.

万家.高速列车-无砟轨道-桥梁耦合系统动力学性能仿真研究[D].北京:铁道部科学研究院,2005.

王丽霞,凌贤长,徐学燕,等.多年冻土场地路基地震加速度反应谱特性研究[J].岩石力学与工程学报,2004,23(8):1330-1335.

王其昌.高速铁路土木工程[M].成都:西南交通大学出版社,1999.

王庆昀.论高速铁路路基施工技术及质量检测方法[J].科技创业月刊,2005(3):144-145.

王卫东.高速铁路列车系统中的动力学问题[J].力学进展,1995,25(1):134-137.

王云鹏,许兆义.朔黄重载铁路肃宁北至黄骅港段基填料改良试验研究[J].岩土工程界,2002,5(3):20-22.

王钟琦.岩土工程测试技术[M].北京:中国建筑工业出版社,1986.

吴邦颖,张师德,陈绪律.软土地基处理[M].北京:中国铁道出版社,1995.

武广铁路客运专线有限责任公司.武广客运专线沉降变形观测系统实施细则[S].武广工[2007]119号.2007.9.

武广铁路客运专线有限责任公司.武广铁路客运专线沉降变形观测分析评估实施方案[S].武广工[2007]218号.2007.11.

武广铁路客运专线有限责任公司.武广铁路客运专线沉降观测数据录入与管理细则[S].武广工[2007]272号.2007.12.

肖骄琪.客运专线土质路基无砟轨道动力特性研究[D].北京:北方交通大学,1997:45-47.

宣言.客运专线曲线线路车线耦合系统动力学性能与无砟轨道结构振动响应的仿真研究[D].北京:铁道部科学研究院,2006:52-89.

杨广庆,管振祥.高速铁路路基改良填料的试验研究[J].岩土工程学报,2001,23(6):659-662.

杨广庆,荀国利.高速铁路路基改良土的有关问题[J].铁道标准设计,2003,23(5):6-9.

杨广庆,张保俭,岳祖润.秦沈铁路客运专线高填方路桥过渡段试验研究[J].路基工程,2004(6):29-32.

杨广庆,张兴明,蔡英.关于高速铁路路基几个问题的分析[J].石家庄铁道学院学报,1998,11(1):56-60.

杨广庆.高速铁路路基设计与箍工[M].北京:中国铁道出版社,1999.

杨广庆.高速铁路路基施工质量检测方法[J].铁道标准设计,2001,21(3):6-9.

杨广庆.高速铁路路基与桥梁过渡段施工技术研究[J].铁道标准设计,2000,20(2):21-23.

叶书绫,韩杰,叶观宝.地基处理与托换技术[M].北京:中国工业出版社,1994.

叶书绫.地基处理[M].北京:中国建筑工业出版社,1988.

叶宇翔,王连俊,刘升传.朔黄重载铁路路桥过渡段路基试验研究[J].路基工程,2008,138(3):134-135.

张千里,韩自力,吕宾林.高速铁路路基基床结构分析及设计方法[J].中国铁道科学,2005,26(6):53-57.

张远荣.高速铁路路基面竖向动应力的模拟计算[J].铁道建筑,2000(8):21-23.

张远荣.京沪高速铁路软土路基允许工后沉降的研究[J].铁道建筑,2000(9):24-26.

赵维炳,施建勇.软土路基的固结与流变[M].南京:河海大学出版社,1996.

赵玉,黄琳.非软路基沉降的分析[J].国防交通工程与技术,2005(2):28-31.

中华人民共和国铁道部.京沪高速铁路设计暂行规定[S].铁建设函[2004]157号.2004.

中华人民共和国铁道部.客运专线铁路无砟轨道铺设条件评估技术指南[S].铁建设[2006]158号.2007.8.

中华人民共和国铁道部.客运专线无碴轨道铁路设计指南[S].铁建设函[2005]754号.2005:15-89.

中华人民共和国铁道部.客运专线无砟轨道铁路工程测量暂行规定[S].铁建设[2006]189号.2006:15-19.

中华人民共和国铁道部.铁道机车动力学性能试验鉴定方法及评定标准(TB/T2360-1993)[S/M].北京:中国铁道出版社,1993.

中华人民共和国铁道部.新建时速300~350公里客运专线铁路设计暂行规定(上、下)[S].铁建设[2007]47号.2007:67-90.

周神根.铁路路基设计动荷载研究[J].路基工程,1996,68(5):6-11.

朱梅生.软土地基[M].北京:中国铁道出版社,1989.

邹立华,赵人达,赵建昌.多单体组合结构混合振动控制研究[J].铁道学报,2005,27(3):80-84.

邹立华,赵人达.组合隔震结构的振动控制研究[J].振动与冲击,2005,24(2):80-83.

左大超.大秦线重载铁路路基设计[J].路基工程,1989(2):5-8.

左滕吉彦.轨道振动理论解析[R].高周波,译.铁道技术研究报告,N1013,1976:213-216.

左滕吉彦.新轨道力学[M].徐涌,等译.北京:中国铁道出版社,2001.

参考文献

左滕裕. 轨道力学[M]. 北京:中国铁道出版社,1981.

左佐生. 重载路基和填土压实[J]. 铁道建筑,1987(5):21-22.

[日]铁道综合技术研究所. 铁道构造物等设计标准. 同解说(混凝土构造物)[M]. 北京:中国铁道出版社,2003.

[日]土木学会. 国铁建造物设计标准解说(基础构造物,抗土压构造物)[S]. 日本:土木学会,1986.

Ahlbeck D I L, Meaeham H C, Prause R H. The development of analytical models for railroad track dynamics[J]. Railroad Rack Mechanics and Technology,1978:239-263.

Ahlbeck O R. Effects of track dynamics impedance on vehicle-lrack interactions[J]. Vehicle System Dynamics Supplement,1995,24:58-71.

Alonso E E, Gens A, Delahaye C H. Influence of rainfall on the deformation and stability of a slope in overconsolidated clays[J]. Hydrogeology Journal,2003,11(1):174-192.

Birmann F. Recent investigaions of the dynamic modulus of elasticity of the track in ballast with regard to high speeds[J]. Railroad Track Meclmnics and Technology,1978:197-220.

Cerdà A. Seasonal variability of infiltration rates under contrasting slope conditions in southeast Spain[J]. Geoderma, 1996,69(3-4):217-232.

Chang C S. Geotraek model for railroad track performance[J]. J of Geo Engrg Div ASCE,1980,106(11):1201-1218.

Gent, Fannin R J. Geogrid reinforcement of granular layers on soft clay[D]. PhD Thesis, Unversity of Oxford, England,1987:15-16.

Gasmo J M, Rahardjo H, Leong E C. Infiltration effects on stability of a residual soil slope[J]. Computers and Geotechnics,2000,26(2):145-165.

Grassie S L. Track deflections and macroscopic movement of railway embankment[J]. Vehicle System Dyllamics Supplement,1995,24:154-163.

Harrison H B. General computer analysis of beam and elastic foundations[J]. Proceeding of Inst of Civil Engineers,1973,55(2):605-618.

Hirotaka O, Yasuhiko O, Gen F, et al. A fluidized landslide on a natural slope by artificial rainfall[J]. Landslides,2004,1(3):211-219.

Jan H Z. High-spead rail track design[J]. J of Tram Engrg Div ASCE,1989,115(1):12-16.

Jenkins H, Stephenson J E, Clayton G. The effect of track and vehicle parameters on wheel/rail vertical dynamical forces[J]. The Railway Engineeting J,1974,2(2):2-16.

Jenkins H. The effect of track and vehicle parameter on wheel-rail vertical dynamic forces[J]. Railway Engineering,1974,3(1):21-27.

Karma K, Ikuo T, Roland P O, et al. Undrained torsional shear tests on gravelly soils[J]. Landslides, 2004, 1(3):185-194.

Kennedy J C. Development of multilayer analysis model for tie/ballast track structures[C]. The 57th Transportation Research Board Annual Meeting,1978.

Klein R E, Cusano C, Stukel J. Investigation of a method to stabilize wind induced oscillations in large structures[C]. Present at 1972 ASME Winter Annual Meeting,1972.

Knotho K. Past and future of vehicle/track interaction[J]. Vehicle System Dynamcs Supplement,

1995,4:1-3.

Kuang H C, Cmegory C. Martin track foundation stresses under vertical loading[R]. Rail International,1997.

Li D Q. Transition of railroad bridge approach[R]. Geotech and Gecenvir Eagrg,2013,Volmne 131. 1ssuelL(1392—1398).

Lipen A B,Chigarev A V. The displacements in an elastic half-space when a load moves along a beam tying on its surface[J]. Journal of Applied Maths Mechanics,1998,62(5):791-796.

Liu S Y,Jing F. Settlement prediction of embankments with stage construction on soft groun[J]. 岩石力学与岩土工程学报(英文版),2003,25(2):228-232.

Lyon R D. The caeulation of track forces due to dipped rail joints[C]. Wheel-flats and Rail Welds, British Rail Research Department Track Group,Technical Notes,1972:15-16.

Lyon R D. The effect of vehicle and track parameters upon the loads at the dipped rail joints[J]. B R B Research and Development Division Technical Memorandumm,1974:23-25.

Rahardjo H, Li X W, Toll D G, et al. The effect of antecedent rainfall on slope stability[J]. Geotechnical and Geological Engineering, 2001:369-397.

Sriaud J R W, Hoffman S B. Nchrp Syn2 mesis of highway practice 234:settlement of bridge approach[R]. Transportion Research Board,National Research Coun2 Cil. Washington D C, 1997:31-34.

Sunaga M. Vibration behavior of roadbed on soft grounds ainds under trainload[J]. Quality Report of RTRI,1990(31):29-35.

Toshikazu H, Keizo U, Mlehio M, et al. Three-dimensional analysis of traffic-Induced ground vibrations[J]. Journal of Geotechnical Engineering,1991,117(8):1133-1151.

Wan R G,Guo P J. A simple constitutive model for granular soils:modified stress-dilatancy approach [J]. Computers and Geotechnics, 1998, 22(2):109-133.

Xu Y L,He Q,Ko J M. Dynamic response of damper-connected adjacent buildings under earthquake excitation[J]. Engineering Structures,1999,21:135-148.

Zhu H P,Iemura H. A study of response control on the passive coupling elment between two parallel structures[J]. International Journal of Structural Engineering and Mechanics,2000,9 (4):383-396.

Zhu H P,Iemura H. A study on interaction control for seismic response of parallel structures[J]. Computers and Structures,2001,79(2):231-242.